絵で見る

四天王寺 聖霊会

監修 小野 真龍　作・絵 中田 文花

出版を祝して

和宗総本山 四天王寺　第百十四世管長　瀧藤尊淳

推古天皇の御代、日本仏法の礎を築いた聖徳太子は、四天王寺を創建されました。太子は、わが国最古の官寺としての四天王寺を、仏法興隆の拠点とし、法会の重要な儀礼として「舞楽」をもここに取り入れられました。以来、四天王寺においては、法会に伴い舞楽が演奏され、歴代の僧侶や楽人たちの手によって、その伝統が脈々と受け継がれてまいりました。これは、太子が示された「仏法興隆と衆生済度」の精神が、今日に至るまで生き続けている証であるといえるでしょう。

四天王寺の聖霊会は、宗教的な信仰心の表れとしての法会と、仏教儀礼としての荘厳な舞楽が融合し、歴史の中で発展を遂げてきたものです。特に、天王寺楽所を中心に受け継がれてきた楽曲は、ただの古典芸術としてではなく、仏教的な意味を持つものとして今日まで伝えられています。

本作では、四天王寺における聖霊会の歴史を詳しく紐解き、その荘厳なる儀式の本質を広く伝えています。聖霊会は、最も大規模な法会のひとつであり、舞楽はその精神を具現化する重要な要素です。著者は、古来より伝わるこの法会の姿を、詳細な研究と豊富な資料をもとに解き明かし、親しみやすい形で描き紹介しています。

また、本編では、舞楽の技術的な側面や、楽曲・演目の背景についての解説も加えられています。これにより、四天王寺における舞楽の意義や、どのように受け継がれてきたのかが、より深く理解できる内容となっています。

今回の出版にあたり、監修を担当された小野真龍先生、執筆を担当された中田文花先生には、深い造詣と豊かな見識をもって本書を編まれたことに、心より敬意を表します。また、本書の完成にあたってご尽力いただいた関係各位にも、改めて感謝申し上げます。

この一冊を通じて、聖霊会における舞楽の美しさとその精神的な深みが、より多くの方々に伝わり、未来へと受け継がれていくことを願ってやみません。そして、聖徳太子のご遺徳を顕彰し、四天王寺が歩むべき未来を照らす道標となることを心より祈念いたします。

出版のご挨拶

天王寺楽所雅亮会理事長
一般社団法人雅楽協会代表理事　小野真龍
関西大学客員教授

「聖霊会」は聖徳太子の御霊をお慰めする、四天王寺の最重要法要であり、平安時代に成立した華やかな舞楽法会の盛儀を今日に伝える文化遺産です。その舞楽は、聖徳太子が設置したとの伝承がある天王寺楽所によって受け継がれてきました。この天王寺舞楽は、古くから宮中とは異なる固有の舞態を持ち、その重要性が認められ、「聖霊会の舞楽」の名称で国の重要無形民俗文化財の一つに指定されています。

明治維新の際に、天王寺楽人の多くが東京に新設した雅楽局（現在の宮内庁式部職楽部の前身）に移籍して天王寺楽所はいったん解消され、聖霊会は断絶の危機に直面しました。しかし、明治十七年に民間の篤志家によって結成された「雅亮会」によって、天王寺楽所は受け継がれ、聖霊会は維持されました。また、第二次世界大戦の大阪大空襲では、四天王寺と雅亮会は大きな痛手を受けましたが、不屈の意思でもって昭和二十一年には聖霊会が勤修されました。大阪人の聖徳太子崇敬と文化伝承への強い思いが聖霊会を今日まで存続させてきました。

令和五年には雅楽界を包括する一般社団法人雅楽協会が設立され、雅楽団体間の交流も盛んになっています。このようなタイミングで、一流の日本画家であり、二十年来の聖霊会の追っかけを自認する中田文花氏の手になる、聖霊会の絵解きガイドブックともいえるこの本が出版できたことはまさに天の配剤といえましょう。

この本は、中田氏の軽妙なセリフと親しみやすい絵によって構成されていますが、舞楽装束や舞台設え等の描写は正確で精緻を極めており、雅楽に通じた方にとっても見応えのあるものになっています。また実際に演者として三十年以上にわたって聖霊会に関わってきた私が、専門的、学術的監修を担当させていただいております。是非多くの方がこの本を手に取って、聖霊会参詣にお越し下さることを願っております。最後にこの度の刊行に際し中田文花氏はじめ関係者各位に、そして聖霊会を受け継いでこられた先人たちに深甚の謝意を表します。

うわー たまたま四天王寺さんに来たらエライことになってる!!
あの巨大な赤いのんは何!?
4月22日 六時堂前石舞台
何があるのかわからへんし帰ろっと…
何をしてんのじゃ、なんてね
ちょっと待って——っ
ぼく迦陵頻《かりょうびん》ていうねん 案内するから帰らんといて
まぁー かいらし♡ わたし近所のおばちゃんです 名前はそり子
今日は四天王寺最大の法要 聖霊会《しょうりょうえ》!!
舞楽と声明《しょうみょう》が織りなす大法要で 聖徳太子のみ魂《たま》を供養するんや
めっちゃすごいねん!!

ようこそ聖霊会《しょうりょうえ》

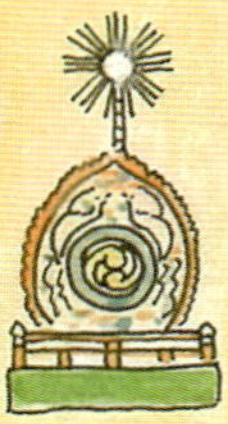

「聖霊会」とは聖徳太子の忌日（旧暦月二十二日）法要であり、四天王寺及び法隆寺で執行されています。とくに四天王寺の聖霊会は、四種の声《しょう》明《みょう》（唄《ばい》、散華《さんげ》、梵音《ぼんのん》、錫杖《しゃくじょう》）に雅楽、舞楽をふんだんに交えた舞楽四箇法要《しかほうよう》という様式で行われる大変盛儀なものです。現代では毎年四月二十二日の十二時三十分の行道《ぎょうどう》（お練り）開始から約六時間にわたって勤められています。

文献に見られる聖霊会の最古の明確な記録は、鎌倉時代の『吉野吉水院楽書《よしのきっすいいんがくしょ》』における安貞二年（一二二八年）の聖霊会の見物記事で、現代よりも舞楽曲の多い大法要が行われていたことがうかがえます。さらに、同じく鎌倉時代の『聖徳太子傳記』に記載されている伝承によれば、聖霊会の由来は太子在世の頃の「法華会」にまで遡り、太子のご薨去後に「聖霊会」となったとされています。その際に、法要で楽舞を行う楽団が秦河勝《はたのかわかつ》の子孫を中心に構成されたといわれています。これがのちの「天王寺楽所」であり、約千四百年にわたって独特の舞楽の形態を伝承しています。

「聖霊会の舞楽」は昭和五十一年に国の重要無形民俗文化財に指定されています。

（小野 真龍）

誰!?
小野先生は子供の頃から聖霊会で舞楽を舞うてはるんやで

聖霊会次第

道行
舞台前庭儀
【惣礼伽陀】
楽舎揚幕
振鉾三節
舞楽『蘇利古』
御上帳
御手水
両舎利登高座
《諷誦文》
《願文》
舞楽『〇〇』
・行事鐘
伝供
・行事鐘
『菩薩』
『獅子』
舞楽『迦陵頻』
舞楽『胡蝶』
・行事鐘
《祭文》
・行事鐘
【唄匿】
【散華】
【梵音】
舞楽『〇〇』
・行事鐘
【錫杖】
両舎利降高座
舞楽『太平楽』
入調舞楽『〇〇』

導入部 ← 供養法要部 ← 四箇法要部《しかほうよう》 ← 入調部《にゅうじょう》

※『〇〇』は毎年変わる舞楽

これもプログラム!!

12:30～
道行《みちゆき》
一〇〇人を越える壮麗な大行列が石舞台へ向かう
御上帳《みじょうちょう》
お太子さまにお目覚めいただき
楊枝御影
御手水《みちょうず》
伝供《でんぐ》
数々のごちそうを手渡しでお供えし
文花さんの聖霊会短歌コーナー
たまさかにみ寺に来れば石舞台何をするぞと自転車の人
太子お目覚めの舞 蘇利古
舞楽《ぶがく》
一四〇〇年の伝統ある数々の舞をお楽しみいただき
『聖霊会の舞楽』は国指定重要無形民俗文化財
数々の声明で供養する
四箇法要《しかほうよう》
つまりお太子さまを一日おもてなしするのです
ぼくも舞うで～
大都会の大阪にこんなにも貴重な大法要が毎年あることを近所の人が気付いてない
てへっ
さあ、行事の設え、舞楽や声明のこと、楽しく図解していきますよ～!!
ようこそ聖霊会!!
わー、自転車置いてくるわ!

石舞台の設《しつら》え

浄土曼陀羅に描かれている極楽は池の上に舞台があり菩薩たちが舞を舞い音楽を奏でています鳥が美しく鳴き花が降るのです

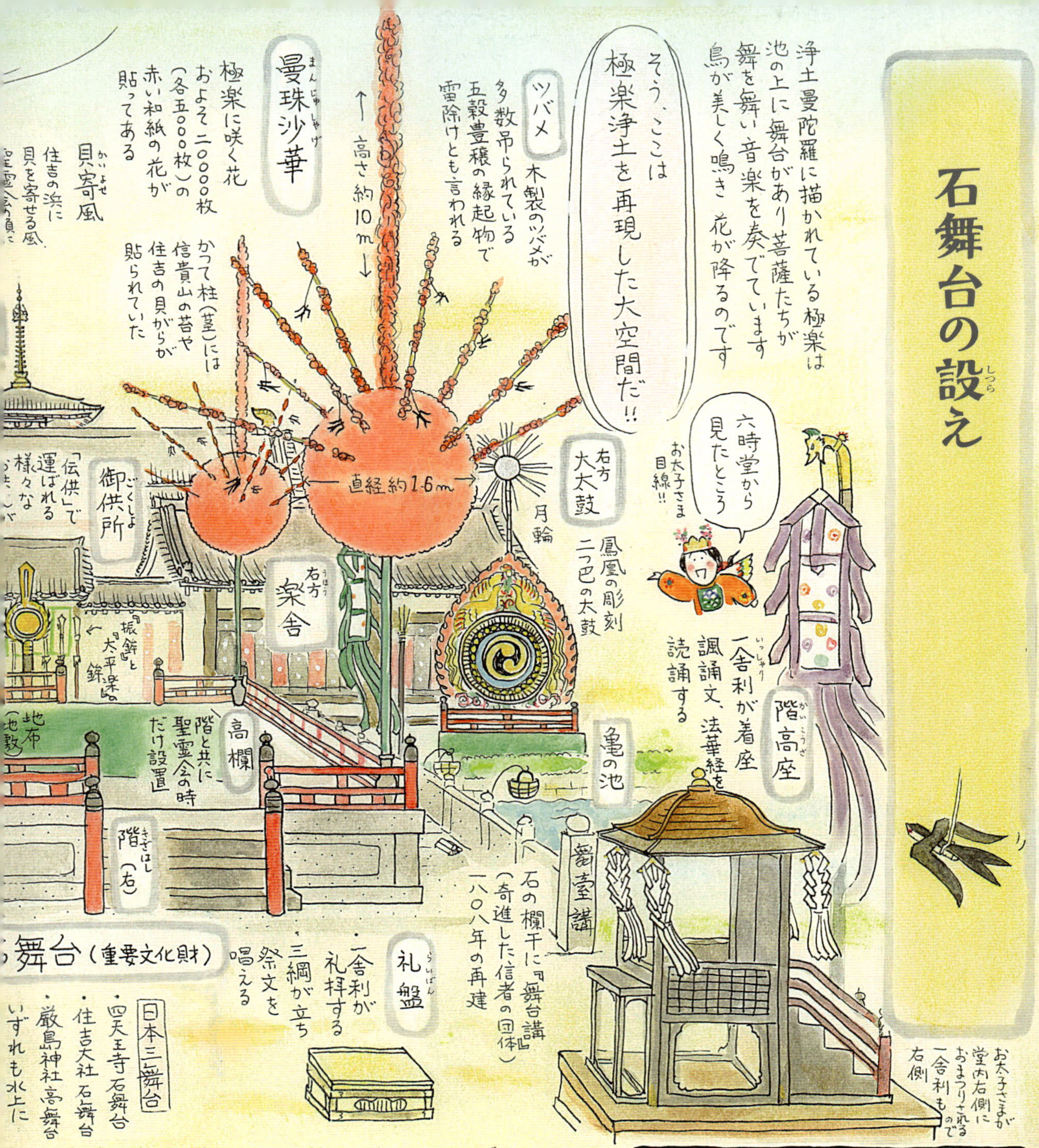

「聖霊会」は、聖徳太子の忌日法要であるとともに、民衆に対する仏教弘宣の機会でもあります。民衆は、舞台上に設《しつら》えられた仏世界を太子と共有します。四天王寺は民衆の極楽浄土信仰の中心地であったこと、また、極楽浄土の鳥を模した童舞の「迦陵頻《かりょうびん》」が登場することから、この仏世界は阿弥陀仏の極楽浄土に擬されていると考えられます。

しかし、舞台の四隅に据えられているひときわ大きなオブジェは「曼殊沙華《まんじゅしゃげ》」と言われ、『法華経』が説法される際に天上から降る花といわれています。太子在世の頃の「法華会」が「聖霊会」の前

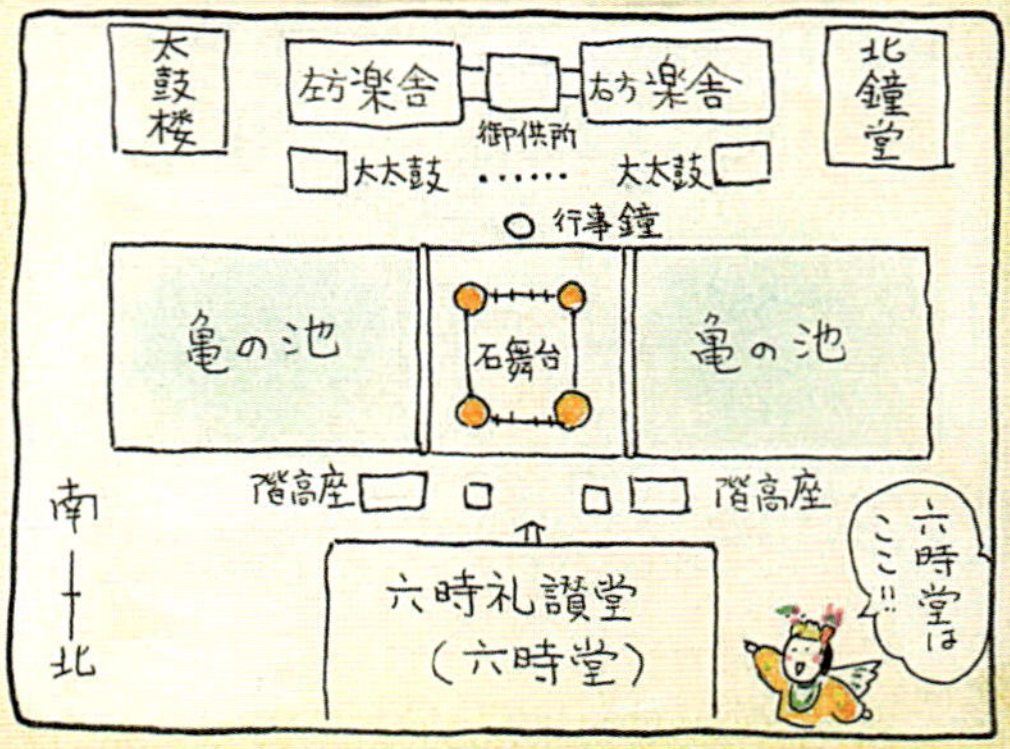

聖霊会短歌コーナー
文花さんの

貝寄せの風に吹かれて散華舞ひつばくろ揺れて幡のたなびく

また、左右の楽舎前に設けられている巨大な太鼓は正式には「鼉太鼓《だだいこ》」といわれ、古代の野外の舞楽法会において必須の楽器でした。四天王寺の鼉太鼓が日本最大といわれ、江戸時代の文献では、鼓面直径八尺（約二・五メートル）とされています。「鼉」は、元来は鰐の象形文字ですが、中国の鼉龍という神獣を意味し、その打撃音から神獣の鳴き声を想像し、仏世界から邪悪なものを追い払う役割を担わせたのではないでしょうか。「聖霊会」の設えは、四天王寺の仏世界が含み持つ奥深い多層性を表現しています。

（小野真龍）

道行《みちゆき》の諸役

左方列《さほうれつ》
本坊前で別れて石舞台へ向かう
右方列《うほうれつ》
先導
先駆
金棒を引く音で到来を知らせる
引頭
グループの先導
楽行事
楽人を取り仕切る!!
二ッ巴紋の狩衣
獅子
伎楽の名残り 江戸期の貴重な頭を使用している
菩薩
物部氏《もののべし》ゆかりの公人《くにん》と呼ばれる人がこの役を務める!!
迦陵頻
↑番舞《つがいまい》↓
ぼくはここやで
胡蝶
天王寺舞楽の伝統で全員男の子!!
楽人
左方列の続き
荷太鼓《にないだいこ》
左方 三ッ巴 楽人は左側
荷鉦鼓《にないしょうこ》
引頭
衆僧
四箇法要を行う四天王寺の僧侶 僧綱襟の立つ袍裳に七条袈裟 桧扇を持つ
右方列の続き
右方 二ッ巴 楽人は右側
行道梅《ぎょうどううめ》
六時堂の裏 開花は二月
百人を超える壮麗な大行道が石舞台を渡る様はまるで菩薩の来迎図だ!!
鼗
右はお太子さまチーム
左はお釈迦さま（仏舎利）チーム
すごーいどこで見よかな?

「道行《みちゆき》」とは、本来は舞楽曲中の、舞人が舞台へ向かって登台する部分を指します。「聖霊会」の冒頭を飾る壮麗な行道《ぎょうどう》（お練り）があえて「道行」といわれるのは、行列に参加する者全てが、「聖霊会」中に舞台上や楽舎でパフォーマンスをするからでしょう。

また、舎利（導師）は、仏舎利を載せた「玉輿《ぎょくよ》」が属する上位の左方列ではなく、太子像を載せた「鳳輦《ほうれん》」が属する右方列に加わります。太子が主役である「聖霊会」では、なにかと右方優位になるのですが、それは「鳳輦」が右方列の要であり、六時堂内でも右方に安置されることに由来します。

（小野 真龍）

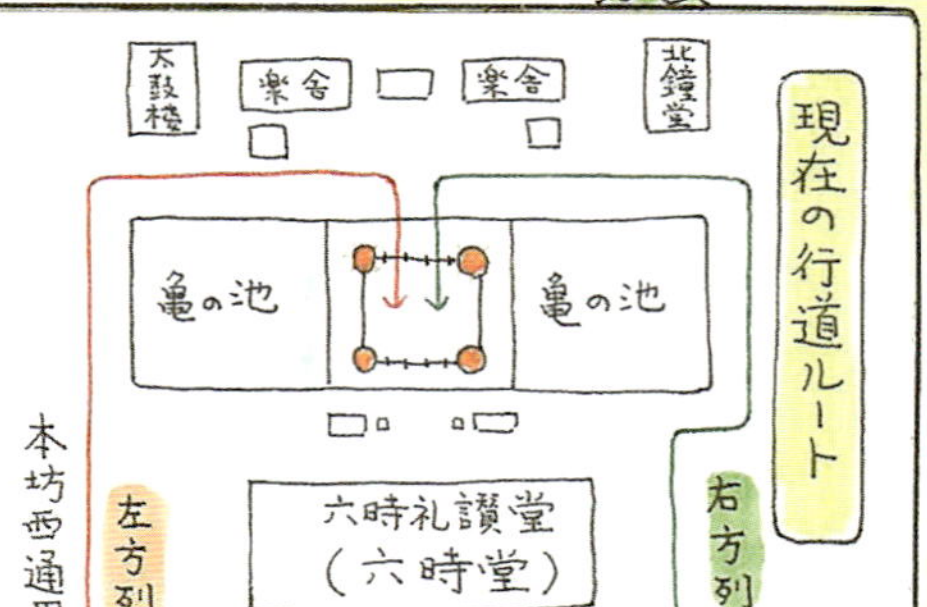

現在の行道ルート
太鼓楼
楽舎
楽舎
北鐘堂
亀の池
亀の池
本坊西通用門
左方列
右方列
六時礼讃堂
（六時堂）
← 行道梅 →

文花さんの聖霊会短歌コーナー

道行の列は整いさ緑の風吹き抜けていざや発楽

鼗鼓《とうこ》(ふりつづみ)
鶏婁鼓《けいろうこ》
笙《しょう》
篳篥《ひちりき》
龍笛《りゅうてき》
天王寺楽所《てんのうじがくそ》
聖徳太子以来の仏教的雅楽の伝統を伝える日本最古の雅楽団体
主管
主管
主管
左方は赤系 右方は緑系の襲装束《かさねしょうぞく》 鳥甲《とりかぶと》に『向い鳩』の紋が輝く
階段など左方は左足から 右方は右足から歩み出す
男性のみであった楽人も近年は女性が多く活躍している
左方の各パートの最後尾が道行の主管(リーダー)
下へ続く
掃部《かもん》
ここでは法会の進行役として
長者
その冨で法会を庇護する物部氏ゆかりの公人《くにん》が務める!!
八部衆
仏教を守護する神々の面を首に下げている
天《てん》、龍《りゅう》、夜叉《やしゃ》、乾闥婆《けんだつば》、阿修羅《あしゅら》、迦楼羅《かるら》、緊那羅《きんなら》、摩睺羅伽《まごらが》
(順不同)
太刀
二舎利《にしゃり》
従僧
金堂で毎日厳修される『舎利出し』という法要を行う資格のある僧侶を舎利職《しゃりしょく》という その筆頭が一舎利
雑児が扮する 最初の行事鐘を打つ
梅杖《ばいじょう》
舞台上で祝詞《のりと》を上げる
中啓
引頭
三綱《さんごう》
太子お目覚めの儀式を行う
執綱童子《しっこうどうじ》
一舎利《いっしゃり》
四天王寺管長
従僧
天蓋持

【天王寺舞楽協会】入会のおススメ
聖霊会
・観覧席(六時堂前)※雨天は席なし
・次第(プログラム)付
・お茶席券付
・中心伽藍、宝物館 庭園フリーパス
・篝の舞楽招待
など特典多数
これは入会せねば!!
座ってゆっくり見れてめちゃおトク~
当日入会もできます
(年会費が必要)

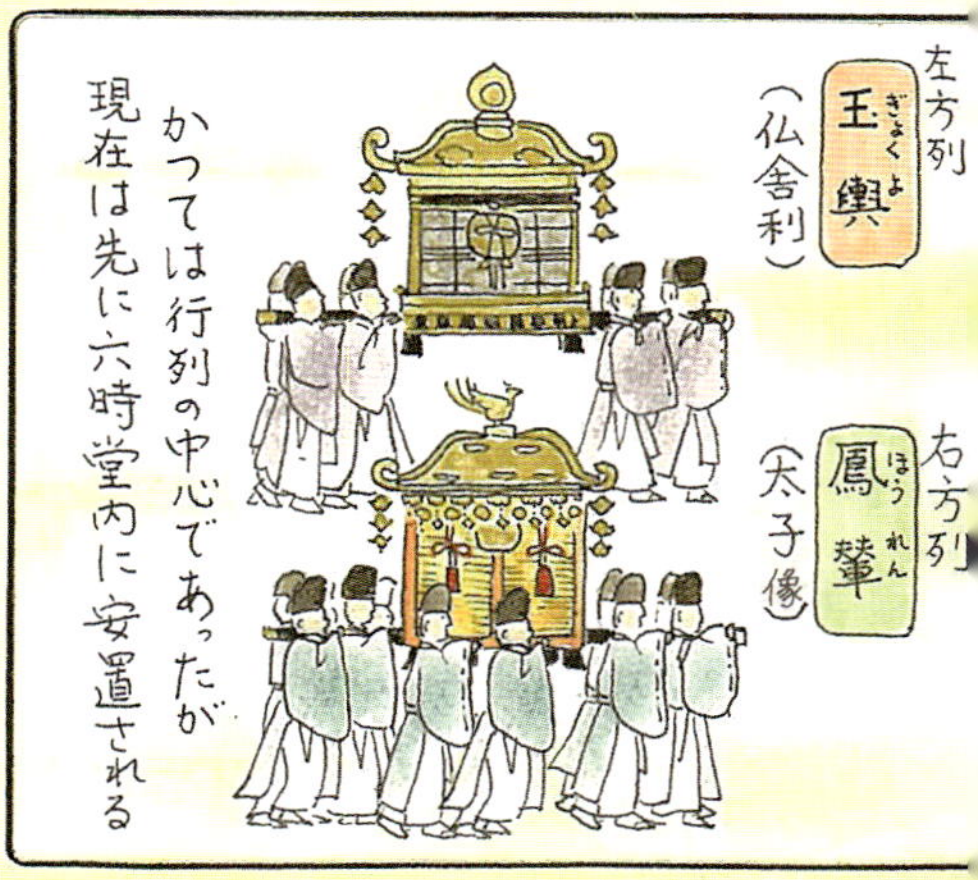
左方列
玉輿《ぎょくよ》
(仏舎利)
右方列
鳳輦《ほうれん》
(太子像)
かつては行列の中心であったが 現在は先に六時堂内に安置される

舞《ぶ》台《たい》前《ぜん》庭《てい》儀《ぎ》

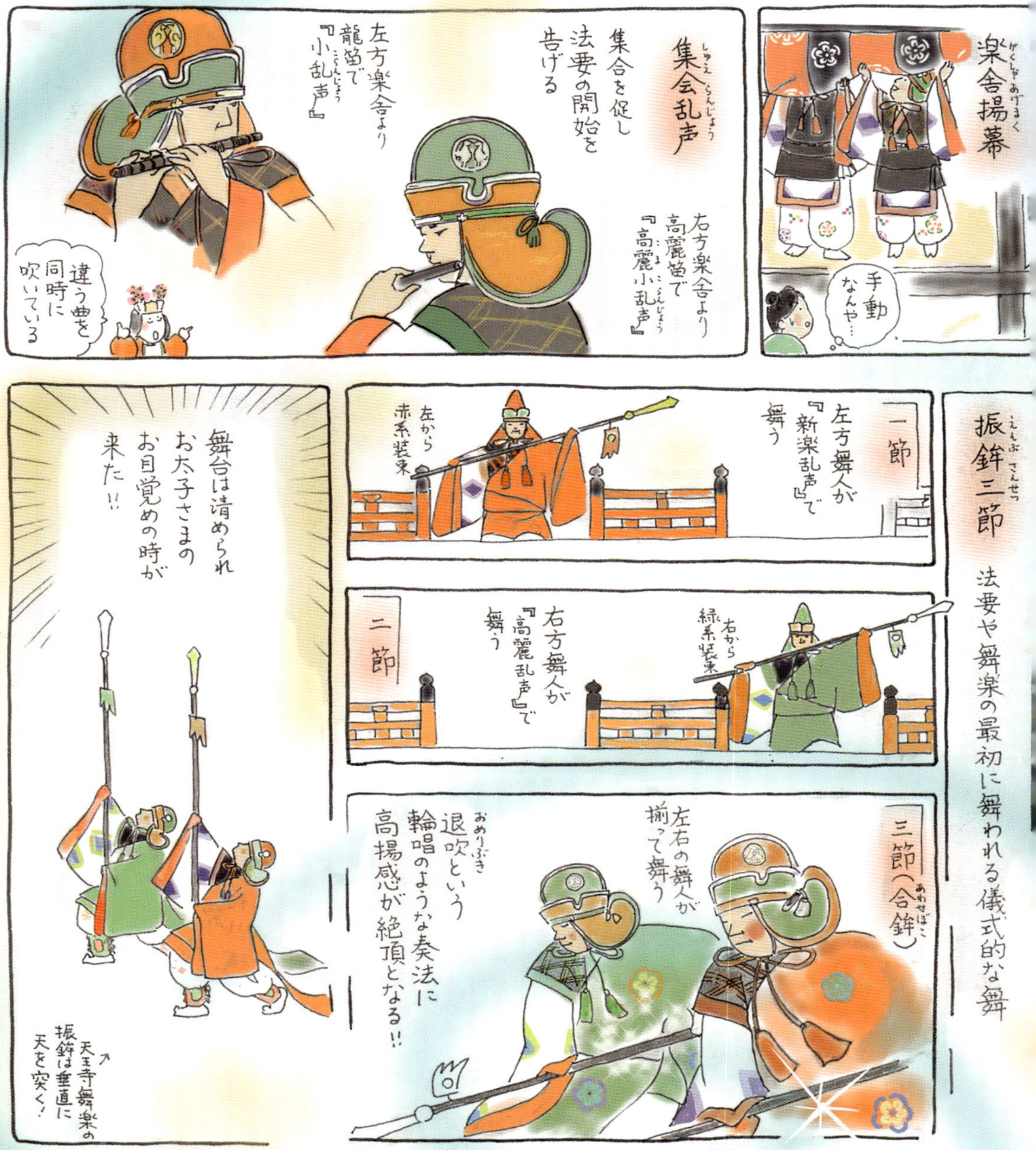
楽舎揚幕《がくしゃあげまく》
手動なんや…
集会乱声《しゅえらんじょう》
集合を促し法要の開始を告げる
右方楽舎より高麗笛で『高麗小乱声《こまこらんじょう》』
左方楽舎より龍笛で『小乱声《こらんじょう》』
違う曲を同時に吹いている
振鉾三節《えんぶさんせつ》
法要や舞楽の最初に舞われる儀式的な舞
一節
左方舞人が『新楽乱声』で舞う
左から赤系装束
二節
右方舞人が『高麗乱声』で舞う
右から緑系装束
三節（合鉾《あわせぼこ》）
左右の舞人が揃って舞う
退吹《おめりぶき》という輪唱のような奏法に高揚感が絶頂となる!!
舞台は清められお太子さまのお目覚めの時が来た!!
天王寺舞楽の振鉾は垂直に天を突く!

文花さんの 聖霊会短歌コーナー

篳篥の音に驚きて甲羅干しの亀一斉に池に落ちたり

道行の左右の列は石舞台南方で合流し、左右の階を並んで登り、舞台を横断します。階を降りて石舞台北方に到達した楽人や獅子・童舞などのキャラクターたちは、左右に展開して相対して並び、八部衆や諸僧を待ち受けます。すべての参仕者が居並ぶなか、最後に両舎利が舞台を横断し、六時堂内へ練り込んでいきます。この部分を「舞台《ぶたい》前庭儀《ぜんていぎ》」といい、聖霊会で最も壮麗な、最初の見どころです。

引き続いて、舞台上に居残った僧侶たちによって最初の声明《しょうみょう》「総礼伽陀《そうらいかだ》」が奏楽を伴って唱えられます。その後、舞楽法会のファンファーレである「集会乱声《しゅえらんじょう》」が左右の楽舎から奏せられ、次いで舞台を浄める儀式的な舞楽である「振《えん》鉾《ぶ》」の三節すべてが舞われます。

これらの古代舞楽法会の冒頭作法が省略されることなく執行されることは現代ではほとんどなく、古式を厳格に保存する聖霊会の本領発揮の場面です。

（小野　真龍）

SNSにアップする時は漢字に気を付けましょう
○聖霊会
×精霊会
あっ

太子のお目覚め

六時堂の本来の本尊は薬師如来ですが、聖霊会のときだけ、その前面に設置された宮殿に納められた「楊枝御影《ようじのみえい》(聖徳太子摂政像)」が本尊とされます。この御影は太子が井戸(影向井《ようごうい》)の水面に写ったご自身の姿を楊《やなぎ》の枝で描かれた自画像であると伝承されており、太子自身によってその霊が籠められた太子の依り代です。御影にたゆたう太子の霊(聖霊《しょうりょう》)は、「振鉾」の次の舞楽「蘇利《そり》古《こ》」の霊威に感応して、お目覚めになります。人面を模した「雑面《ぞうめん》」を着けた蘇利古の舞人には神秘的な霊力が漲り、聖霊会では通常より一人多い五人で舞われ、舞台から聖霊を魂振《たまふ》るのです。

次いで、「河水楽《かすいらく》」の奏楽にのり、御影の宮殿の帳が上げられる儀式「御上帳《みじょうちょう》」と身支度のお水を捧げる儀式「御手水《みちょうず》」が執行されます。聖霊の覚醒の後は、太子はあたかも肉体を持って現前しておられるかのように接遇され、参詣者や参仕者とともに、舞楽を楽しまれ、法悦を分かち合われます。

(小野 真龍)

六時堂
太子お目覚めの儀式が行われます
楽は『河水楽《かすいらく》』
この奥
お堂の中は見えないので絵でご覧下さい
そーなんだ
御上帳《みじょうちょう》
三綱《さんごう》が覆面をつけ作法を修すると
宮殿《くうでん》の御簾が上げられ
太子の絵像が現れる
聖霊会の本尊 楊枝御影《ようじのみえい》
太子自ら楊《やなぎ》の枝で描いたという寺伝がある
※ 薫煙や剥落により実物のお顔は不鮮明
御手水《みちょうず》
次に角盥《つのだらい》に水を注ぎ
手巾（てぬぐい）を差し上げる所作をする
こうしてお目覚めになった太子のみ魂は
六時堂の奥から舞台をお楽しみになっているのです
イメージ!?
太子さま♥
おお蘇利古かそろそろ起きよう
カーテン開けましょうね♥
音楽も流しましょう
まぶしー
お顔を洗ってくださいませ
ごちそうを運んでまいります
舞楽をご覧になってお待ち下さい
お太子さまは聖霊会終盤の舞楽『太平楽』の途中まで六時堂におられます
太子お目覚めのルーティン♫
文花さんの聖霊会短歌コーナー
お茶席の懐紙額に押し当てて蘇利古と言ふは楽人の子ら

両舎利登高座

楽は『迴盃楽《かいばいらく》』
《説相箱《せっそうばこ》》
願文《がんもん》
法華経《ほけきょう》
《説相箱《せっそうばこ》》
諷誦文《ふじゅもん》
法華経《ほけきょう》
傘持《かさもち》
二舎利《にしゃり》
紫色の法衣
従僧
一舎利《いっしゃり》
緋色の法衣
従僧《じゅうそう》
天蓋持《てんがいもち》
執綱童子《しっこうどうじ》
会行事《えぎょうじ》
会奉行《えぶぎょう》
一舎利《いっしゃり》、二舎利《にしゃり》が六時堂からお出ましになり楽の音に乗って石舞台をお渡りになります
かわいい!!
女の子も参仕するのね!!
四天王寺中学の学生さんです

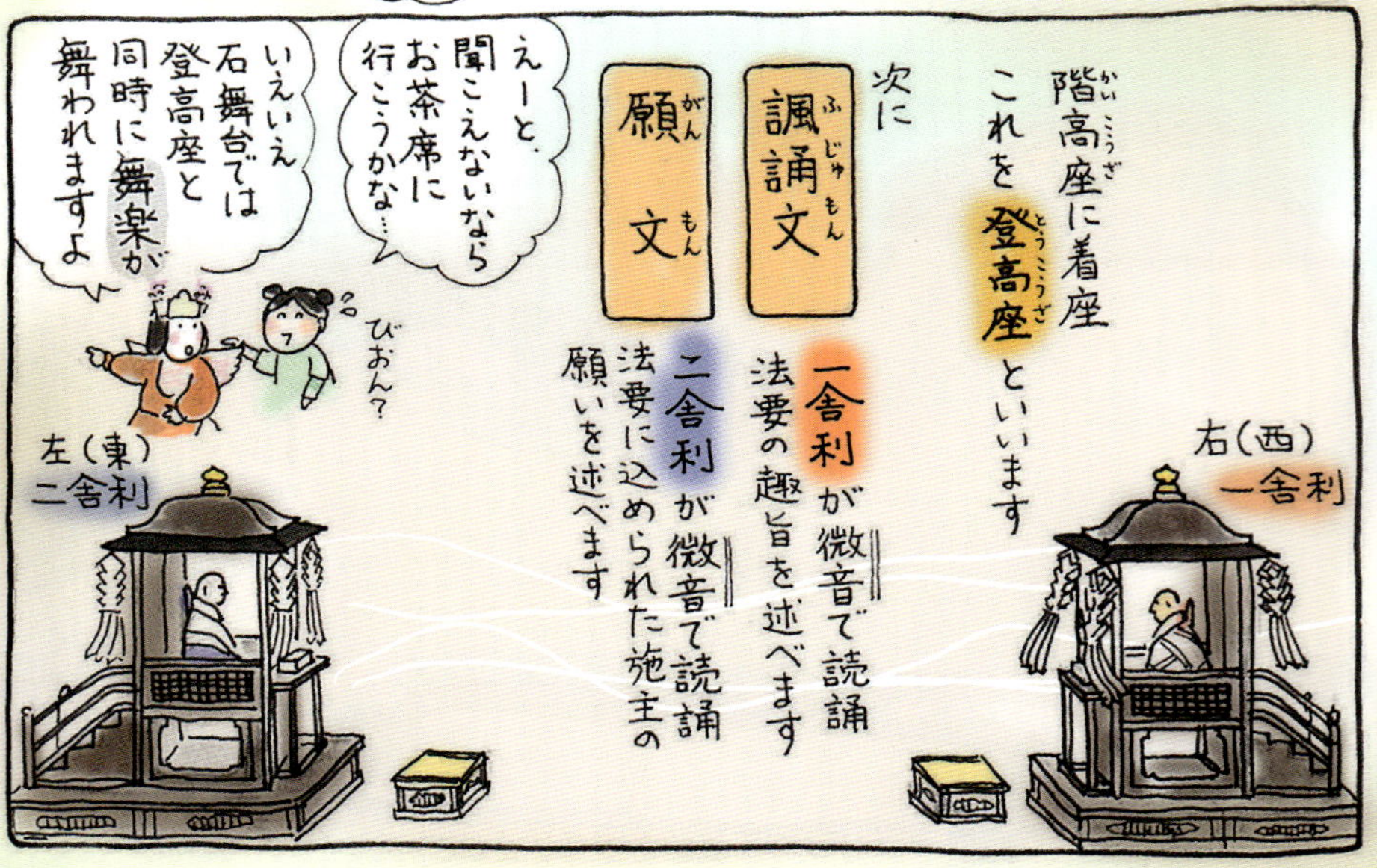

階高座《かいこうざ》に着座
これを登高座《とうこうざ》といいます
次に
諷誦文《ふじゅもん》
願文《がんもん》
一舎利が微音で読誦
法要の趣旨を述べます
二舎利が微音で読誦
法要に込められた施主の願いを述べます
えーと、聞こえないならお茶席に行こうかな…
いえいえ石舞台では登高座と同時に舞楽が舞われますよ
びおん?
右(西)
一舎利
左(東)
二舎利

両舎利は礼盤《らいばん》前で礼拝《らいはい》

諷誦文・願文のこと
説相箱はココに置く
一舎利
諷誦文・願文はとても美文で500年以上読み継がれているんじゃよ
毎年忌日《きじつ》に法要をして舞やごちそうをお供えする事などが書かれています
夫《そ》れ大悲《だいひ》の恩山《おんざん》は峨々《がが》と峙《そばだ》えてその頂《いただき》を知らず…
（諷誦文冒頭より）
仏さまの恩を高い山に例える
これを読めば聖霊会に込められた想いがわかるんじゃよ
どんなん読んではるの？
本願聖霊《ほんがんしょうりょう》は定《さだめ》て随喜《ずいき》の眸《まなじり》を垂《た》れたまわん……
（願文より）
お太子さまがほっこりとして目尻を下げお喜び下さいますように♡
ぼくの意訳やで
二舎利

次に
法華経《ほけきょう》
両舎利が微音で読誦
全八巻で四巻ずつ包まれている
お太子さまが講じられたお経のひとつ
平行して石舞台では様々なプログラムが進みます

文花さんの聖霊会短歌コーナー

聖霊会の願ひはここに尽きるらむ君がまなじり下げたまふこと

四天王寺信仰の柱の一つが、四天王寺が蔵する仏舎利（釈迦の遺骨）崇敬です。現代でも毎朝金堂で舎利出しの法儀が行われ、信徒たちの額に仏舎利があてられ仏縁が深められています。この舎利出しを行なうことができる者は、管長と院内塔頭寺院住職に限られていて、その最上席が「一舎利」、次席が「二舎利」と称され、そのまま聖霊会の導師と副導師を務める立場となります。

両舎利は階高座に登り、「諷誦文《ふじゅもん》」「願文《がんもん》」に引き続き、ほとんど聞こえない微音で、法要中ずっと『法華経』を読み続けます。この微音の読経もまた聖霊会の大切な音といえましょう。

「願文」には、「聖霊」が、仏の悟りの世界である「般若方丈」から「豊葦原《とよあしはら》」（日本国）に来臨して、間人《はしひと》皇后に「盟《ちか》い、胎を抱」き、太子が生誕したという信仰が現れます。仏智が人間に受肉する、というキリスト教にも通底するモチーフが大変興味深く思われます。

（小野真龍）

舎利出し《しゃりだし》
金堂にて毎日11時～
舎利職《しゃりしょく》
仏舎利《ぶっしゃり》

国指定重要無形民俗文化財

「聖霊会の舞楽」の歴史

（天王寺舞楽）

さて 太子お目覚めの 次の舞楽は左方舞の中から 毎年曲が変わります
そこで 天王寺舞楽の基礎知識
ドーン
天王寺舞楽は 歴史を知ると 100倍面白くなる!!
ドラマテックな 一四〇〇年!!
天王寺舞楽は 聖徳太子以来の 歴史を持つ 天王寺《てんのうじ》楽所《がくそ》によって 伝承されてきました
小野先生!!
飛鳥時代から 奈良時代にかけて 大陸から 仏教と共に 様々な音楽が 伝わって 来ました
小野妹子 で〜す
あ、私の ご先祖です
まじで!?
飛鳥時代 伎楽《ぎがく》の伝来
仏さまを 外来音楽で 供養するのじゃ
三宝ヲ 供養スルニハ 諸藩ノ楽ヲ 用ユ
他でもない 聖徳太子が 外来音楽 (プレ雅楽)と 仏教を結び つけたのです
ほぉぉ〜

四天王寺にも 楽人が配置され 法華会が 営まれた
これが 天王寺楽所の 始まりとされる
太子の没後 聖霊会となった
秦河勝《はたのかわかつ》の 子や孫たち
後に四つの楽家《がっけ》 (林《はやし》・東儀《とうぎ》・岡《おか》・薗《その》)に 分かれて 明治維新まで 天王寺楽人と 呼ばれる
奈良時代
東大寺大仏開眼供養会
伎楽
唐散楽
唐楽
高麗楽
林邑楽
大歌や久米舞など 日本古来の音楽
などなど 多くの外来音楽で 供養された
史上最大の仏教法会において 太子の想いが結実した
えっ!? あの東儀さん♡

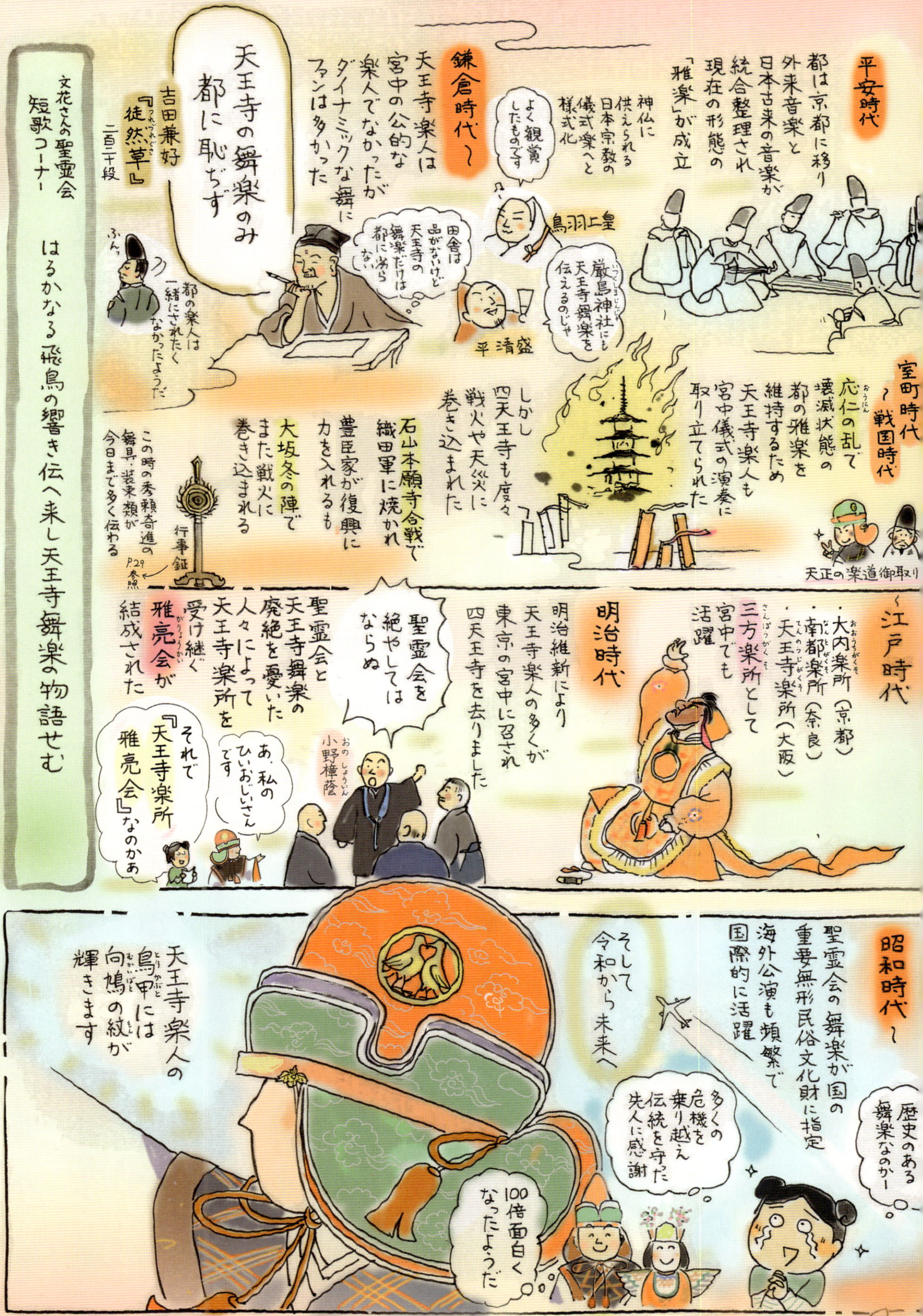
平安時代
都は京都に移り
外来音楽と
日本古来の音楽が
統合整理され
現在の形態の
「雅楽」が成立
神仏に
供えられる
日本宗教の
儀式楽へと
様式化
よく観賞したものです
鳥羽上皇
鎌倉時代〜
天王寺楽人は
宮中の公的な
楽人でなかったが
ダイナミックな舞に
ファンは多かった
厳島神社《いつくしまじんじゃ》にも天王寺舞楽を伝えるのじゃ
平清盛
田舎は品がないけど天王寺の舞楽だけは都に劣らない
天王寺の舞楽のみ都に恥ぢず
吉田兼好『徒然草《つれづれぐさ》』二百二十段
都の楽人は一緒にされたくなかったようだ
ふんっ
文花さんの聖霊会短歌コーナー
はるかなる飛鳥の響き伝へ来し天王寺舞楽の物語せむ
室町時代〜戦国時代
応仁《おうにん》の乱で
壊滅状態の
都の雅楽を
維持するため
天王寺楽人も
宮中儀式の演奏に
取り立てられた
天正の楽道御取り
しかし
四天王寺も度々
戦火や天災に
巻き込まれた
石山本願寺合戦で
織田軍に焼かれ
豊臣家が復興に
力を入れるも
大坂冬の陣で
また戦火に
巻き込まれる
この時の秀頼寄進の
舞具・装束類が
今日まで多く伝わる
行事鉦
P.29参照
〜江戸時代
・大内楽所《おおうちがくそ》（京都）
・南都楽所《なんとがくそ》（奈良）
・天王寺楽所《てんのうじがくそ》（大阪）
三方楽所《さんぽうがくそ》として
宮中でも
活躍
明治時代
明治維新により
天王寺楽人の多くが
東京の宮中に召され
四天王寺を去りました
聖霊会を絶やしてはならぬ
小野樟蔭《おのしょういん》
聖霊会と
天王寺舞楽の
廃絶を憂いた
人々によって
天王寺楽所を
受け継ぐ
雅亮会《がりょうかい》が
結成された
あ、私のひいおじいさんです
それで『天王寺楽所雅亮会』なのかぁ
昭和時代〜
聖霊会の舞楽が国の
重要無形民俗文化財に指定
海外公演も頻繁で
国際的に活躍
そして
令和から未来へ
歴史のある舞楽なのかー
多くの危機を乗り越え伝統を守った先人に感謝
100倍面白くなったようだ
天王寺楽人の
鳥甲《とりかぶと》には
向鳩《むかいばと》の紋《もん》が
輝きます

伝供《てんぐ》

仏教尊格達が手渡しで仏前に供物を届ける「伝供《てんぐ》」作法は、古代舞楽法会に不可欠の要素ですが、今日ではわずかに聖霊会のみがその盛儀を伝えています。八部衆が面を首から吊るすのも現代では希少な様式です。これらの神聖な尊格たちによる荘重な手渡しの過程で供物は聖化され、その分本尊である太子の尊厳さが強調されます。今日でも神饌に用いられる外来の唐菓子が聖霊会の供物でもあることは、神仏が元来近い関係であったことを示唆しています。

（小野 真龍）

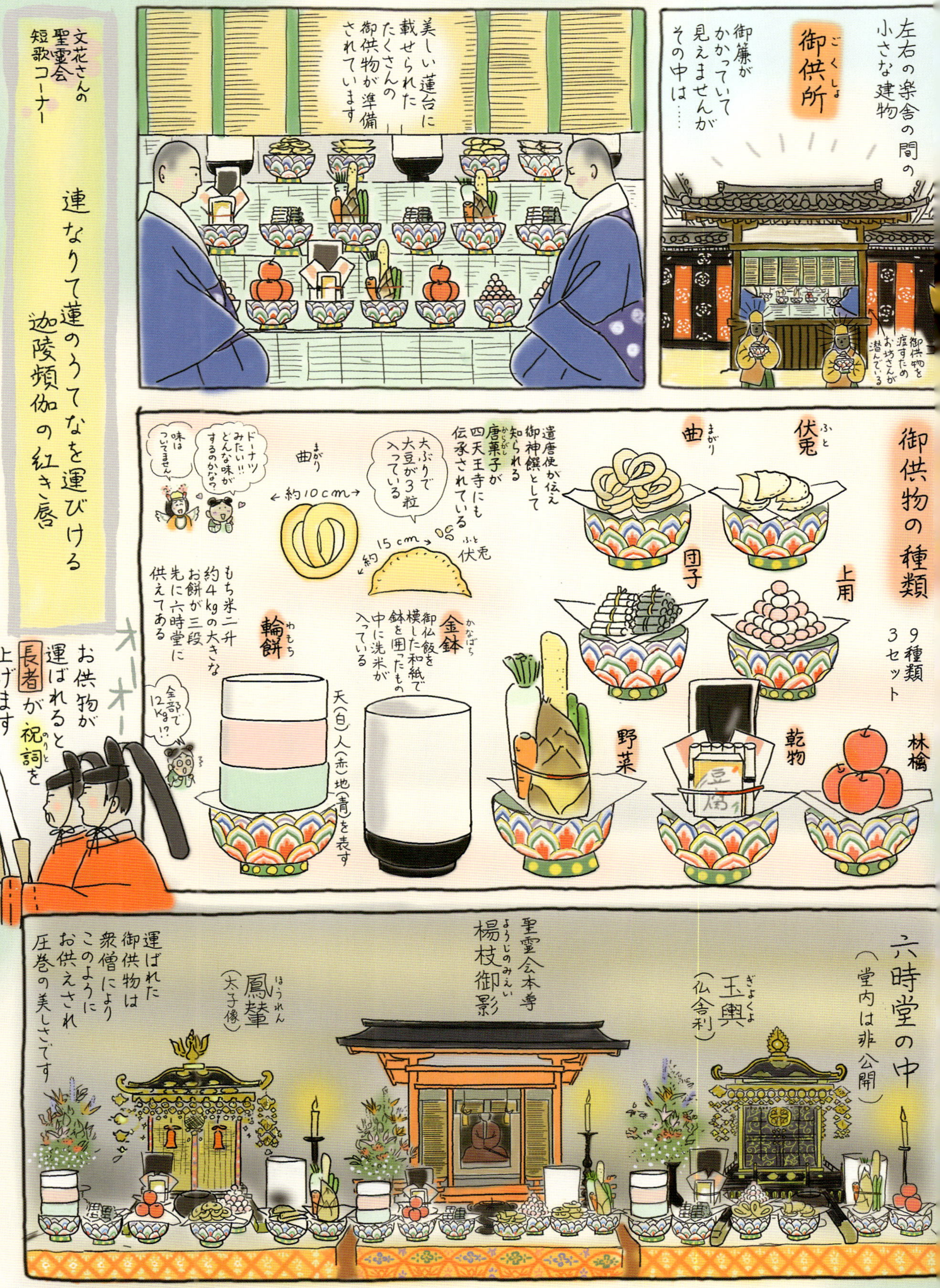

左右の楽舎の間の小さな建物
御供所《ごくしょ》
御簾がかかっていて見えませんがその中は……
御供物を渡すためお坊さんが潜んでいる
美しい蓮台に載せられたたくさんの御供物が準備されています
文花さんの聖霊会短歌コーナー
連なりて蓮のうてなを運びける迦陵頻伽の紅き唇
御供物の種類
9種類3セット
伏兎《ふと》
曲《まがり》
遣唐使が伝え御神饌として知られる唐菓子《からがし》が四天王寺にも伝承されている
大ぶりで大豆が3粒入っている
約15cm
伏兎《ふと》
曲《まがり》
約10cm
ドーナツみたい!! どんな味がするのかな?
味はついてません
団子
上用
林檎
乾物
野菜
金鉢《かなばち》
御仏飯を模した和紙で鉢を囲ったものの中に洗米が入っている
輪餅《わもち》
もち米二升約4kgの大きなお餅が三段先に六時堂に供えてある
全部で12kg!?
天(白)人(赤)地(青)を表す
オーオー
お供物が運ばれると長者が祝詞《のりと》を上げます
六時堂の中（堂内は非公開）
玉輿《ぎょくよ》（仏舎利）
聖霊会本尊
楊枝御影《ようじのみえい》
鳳輦《ほうれん》（太子像）
運ばれた御供物は衆僧によりこのようにお供えされ圧巻の美しさです

菩薩《ぼさつ》
カーン
カーン
ガーン
二回目の行事鉦《ぎょうじしょう》が鳴らされます（これ以降はお坊さんが担当）
供養舞
菩薩《ぼさつ》
この曲は天平時代に林邑国《りんゆうこく》の渡来僧仏哲《ぶってつ》により伝えられた林邑楽《りんゆうがく》の一つといわれています
林邑《りんゆう》とは現在のベトナム地域にあった仏教国
仏哲
残念ながら舞は江戸時代までに失われてしまいました それでも先人たちは法要に必要な舞と考え舞台を二周する故実に舞を凝縮させて伝承してきました
光背
菩薩面
金剛杖
上衣
袈裟
→中の人は四天王寺ゆかりの人で楽人ではない
裙《くん》
沓《くつ》
四天王寺の紋
楽行事《がくぎょうじ》
二ツ巴紋《ふたつどもえもん》の狩衣《かりぎぬ》を着たベテランの楽人が介添えする
狩衣の色 赤系が左方 緑系が右方
現在は舞台を二周するのね
それを大輪《おおわ》小輪《こわ》といいます

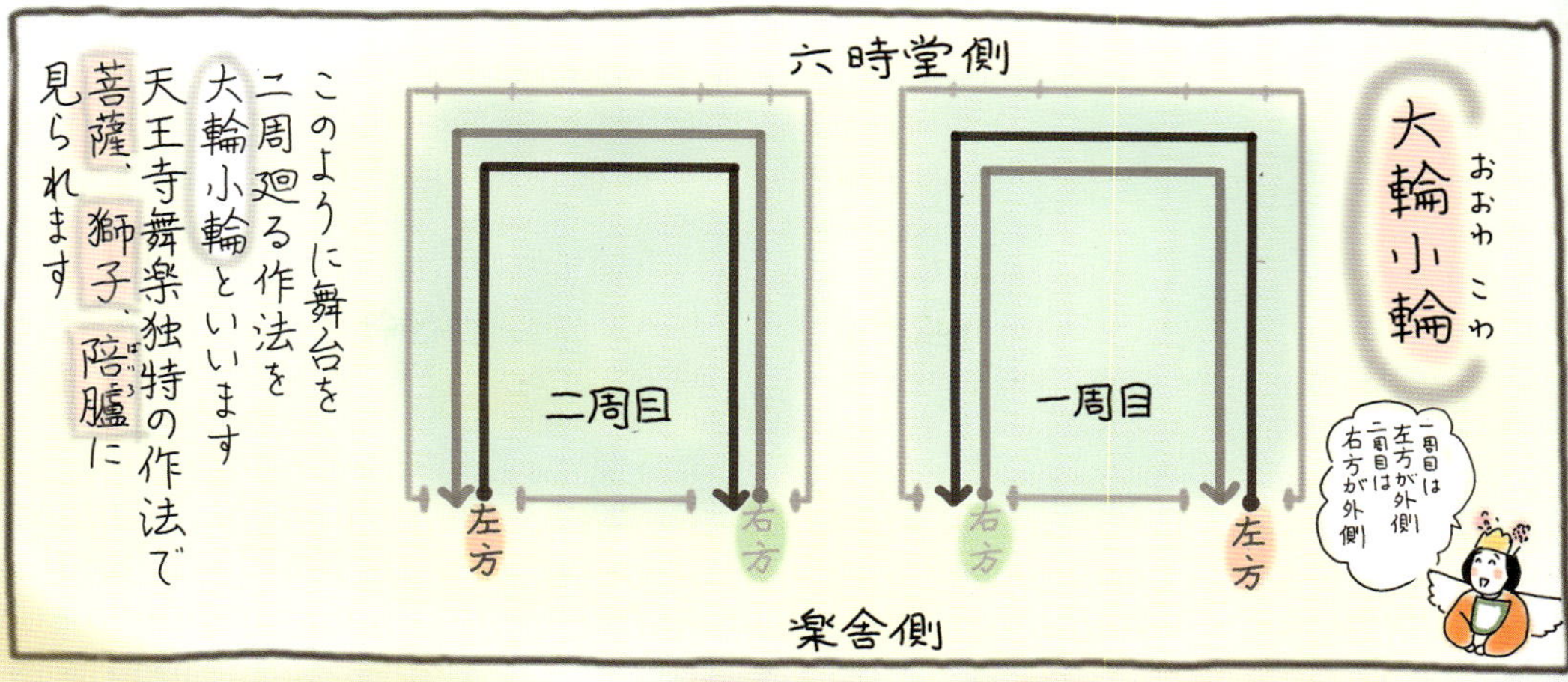

大輪《おおわ》小輪《こわ》
六時堂側
一周目
二周目
左方
右方
右方
左方
楽舎側
一周目は左方が外側 二周目は右方が外側
このように舞台を二周廻る作法を大輪小輪といいます 天王寺舞楽独特の作法で菩薩、獅子、陪臚《ばいろ》に見られます

菩薩面（江戸時代）
行道面《ぎょうどうめん》に分類される
菩薩 八部衆 獅子頭
髻《もとどり》は別付け
剥落が著しいが微笑を湛える表情
八部衆と同じく耳、首を表現

菩薩が登場するのは
・道行
・伝供
・供養舞
実はとても活躍している
菩薩が歩き、運び、舞うことは平安時代の舞楽法会の作法を今に伝えます

文花さんの聖霊会短歌コーナー

大輪小輪舞を先ひ廻りたる心もとなき菩薩の歩み

「菩薩」は、奈良時代に林邑《りんゆう》僧仏哲《ぶってつ》が日本に伝えた林邑楽の楽曲であるとされています。林邑は現在のベトナム地域にあった仏教国であり、天平勝宝四年の東大寺大仏開眼供養会で開眼師を務めたインド僧菩提僊那《ぼだいせんな》につき従って来日した仏哲は、林邑の仏教的な楽舞を伝えたとされています。開眼供養会で実際に舞われたとされる「菩薩」、「陪臚《ばいろ》」、「抜頭《ばとう》」の三曲と「迦陵頻《かりょうびん》」が、仏哲の伝えた元来の林邑楽由来のものと考えられています。

平安時代の舞楽法会では、「菩薩」は必須の供養舞として組み入れられるようになり、法要中の行道や伝供作法にも関わるようになっていきます。聖霊会もその形式を吸収して今日に伝えています。しかし、江戸期半ばの楽書によれば、江戸時代までに「菩薩」の舞は絶えてしまっており、現行のように舞台上で「輪をなして、入り終わる」だけになっていたようです。左右一組の舞人が交互に舞台上を練り歩く「大輪《おおわ》小輪《こわ》」の作法は、天王寺舞楽独特の登台の際の演出です。現行では「菩薩」の他「獅子」と「陪臚」でも、冒頭部分で大輪小輪がなされています。

聖霊会の「菩薩」のシンプルな所作は、林邑に端を発する仏教舞踊が、日本における約千三百年の仏教法会変遷の歴史を経て、究極的に様式化された姿であるとも言えるでしょう。

（小野 真龍）

そのような歴史の重みを読み込みながら菩薩を鑑賞したいものです

師《し》子《し》（獅子）

供養舞《くようまい》 師子（獅子）

飛鳥時代に伝来した伎楽の面影を伝え四天王寺にのみ伝わる秘曲です

※伎楽についてはP16参照

聖徳太子が仏教法会に用いる芸能として最初に選ばれたのが、百済人の味摩之《みまし》が伝えたといわれる「伎楽」でした。笛と打楽器のみの簡素な伴奏による、仮面無言劇の組曲ともいうべきもので、奈良時代には隆盛し、四天王寺でも盛んに上演されたようですが、平安時代末期にはすでに衰微し、今日ではわずかに伎楽面を残すのみです。

伎楽曲の一つである「師子」の系譜を引くといわれているのが、聖霊会で供養舞として舞われる「師子」です。現在は、二頭の師子による「四方拝」と「大輪小輪」という所作を残すのみとなっていますが、伴奏の「師子」曲は忠実に伝承されており、右方の笛の筆頭者が龍笛で独奏する秘曲です。大空に抜けるおおらかな笛の音に伴なわれて、聖霊会の師子たちはあたかも雲に乗って悠然と闊歩しているかのように見えます。

（小野 真龍）

獅子or師子？
伎楽曲を指すときは本来「師子」かな!!

素朴な曲調で
龍笛
鼉太鼓
三之鼓の
三人で演奏されます

ことに龍笛は右方笛頭《うほうふえのとう》と呼ばれるトップ奏者の独奏

かつて右方笛頭は京不見御笛《きょうみずのおふえ》を四天王寺から借りる習わしがありました

古記録によると京不見御笛で演奏されていた曲は「河水楽」と「蘇利古」おそらく「師子」も「蘇莫者」は江戸後期から

舞台の師子だけでなく笛にも注目ね

文花さんの
聖霊会
短歌コーナー

遠つ世の伎楽の調べ伝へたる右方楽舎の師子の笛の音

笛の音に導かれ道行《みちゆき》で露払いの役を担った師子が再び登場
菩薩と同じく舞は絶え四方拝をして大輪小輪を歩く
所要時間は約20分
日本各地の師子舞の原型のひとつでもあります
師子は仏教を守護しその威厳を体現する霊獣とされています
右方は吽形《うんぎょう》
師子頭
江戸時代
左方は阿形《あぎょう》
近年新調された裏菊菱紋の装束
日本最古の師子頭は正倉院にあります

四方拝
最初に正面そして四方を拝す
六時堂側
西
東
楽舎側
座って拝をするのがちょっとかわいい
前足担当はとにかく師子頭が重いそうです
おもた…

京不見御笛《きょうみずのおふえ》の伝説
四天王寺に聖徳太子御作の素晴らしい笛があると聞く持ってまいれ
後花園院
お寺から京の都へ笛を持って行くと……
うわーばらばらになっている!!持ち帰ろう
お寺に戻ると…
あれれ!?元通りに!!
京を見なかった笛「京不見《きょうみず》」と呼ばれるようになった
その後この笛をめぐる楽家どうしの争いが絶えなかった明治以降は宝物として大切に守られている
うちが吹くのじゃ
いやうちが!!

迦《か》陵《りょう》頻《びん》と胡《こ》蝶《ちょう》

聖霊会のアイドル!?
さあ、いよいよぼくたちが舞いますよ
白化粧をしてるけど天王寺舞楽の伝統で全員男の子
学年は小学一年生から中学一年生!!
これこれ静かに!!
子供の舞を童舞《わらべまい》といいます
左舞と右舞のペアになる舞を番舞《つがいまい》といいます 特徴を比べてみましょう
供養舞
迦陵頻《かりょうびん》
胡蝶《こちょう》

舞楽
迦陵頻
左舞／童舞／四人舞
赤系装束、金の金具
奈良時代に林邑《りんゆう》（ベトナムあたり）から伝わった曲
極楽浄土に住む鳥で美しい声で鳴く
人数は変わる事もある
銅拍子《どびょうし》
仏法を説く鳥の鳴き声を表す
金の天冠《てんがん》
桜の花
髪はカツラ
鳥の刺繍
左舞はメロディーを聞きながら舞っているよ
鳥足《ちょうそく》
銀の天冠
山吹の花
山吹の花を右手に持つ
胡蝶の舞の方が難しいため高学年が舞う
蝶の刺繍
舞台の後お寺のお風呂に入るのが楽しみ♪
舞楽
胡蝶
右舞／童舞／四人舞
緑系装束、銀の金具
平安時代に迦陵頻の番舞として日本で作られた
右舞はリズムを聞きながら舞うよ
この子供たちは未来の天王寺楽人だ
遠くからでも分かるように元気いっぱい舞います

文花さんの
聖霊会
短歌コーナー

蝶鳥《ちょうとり》を舞ひし子らは巣立ちてもいつか石舞台《ここ》へと戻り来るらむ

後ろ姿が美しい羽根!!
四天王寺独自の彩色美をご覧ください
元結(銀紙)
元結(赤紙)
もちろん大歓迎!!お気軽にお問合わせ下さい!!
うちの子にも舞わせてみたいわ～
お問い合わせは
天王寺楽所雅亮会
化粧により神聖な存在となる
白化粧
水溶きした練り白粉を塗りお粉をはたく
目尻に紅を差し口は小さく描く
額の眉は楽所の長老格の方が描く

聖霊会においては師子と菩薩に引き続き、一組の童舞、迦陵頻《かりょうびん》と胡蝶《こちょう》が舞われます。迦陵頻は奈良時代に林邑僧の仏哲が伝えた林邑楽の一つであると推定されています。極楽浄土の鳥である迦陵頻伽の鳴き声は、悟りへ導く「法音」であるとされます。舞人は銅拍子《どびょうし》という小さなシンバル様のものを打ち鳴らして舞いますが、その音は法音を模したものといわれています。胡蝶は、平安時代の宇多天皇の童相撲御覧の際に、敦実親王によって作舞された和製高麗楽です。この舞は、迦陵頻とともに舞楽法会に組み入れられ、十世紀末には「鳥」、「蝶」とも称されて大法会には不可欠の舞となっていきます。

聖霊会の童舞の舞人は、白化粧に口紅をひき、天上眉に似た丸紋を二つ額に描きます。これは神仏の加護を依らしむる呪的な機能を持つものと思われ、彼らはまつりにおける神聖な稚児の役割をも担っています。それゆえ、彼らはただ供養舞を舞うだけではなく、師子や菩薩等の仏教的尊格とともに、冒頭の道行や伝供作法にも参仕し、道場や供物を聖化させる極めて重要な役割を果たします。

(小野真龍)

私にもこんなかわいい頃がありました
今もかわいいが何か?

祭《さい》文《もん》

行事鐘が打たれ
三綱《さんごう》が六時堂から
お出ましになります
楽は『承和楽《しょうわらく》』
緋色の五条袈裟の
この方を覚えて
いますか？
13ページ参照
御上帳《みじょうちょう》
六時堂の中で
御上帳、御手水の作法を
された高僧です
御手水《みちょうず》
祭《さい》文《もん》
太子への敬慕の存念と
供養の意趣が書かれている
三綱は
西の礼盤《らいばん》の上に立ち
微音で祭文を
奉読します
えっと
祭文って
神社で読まれる
ものでは？
お寺でも
読むのです!!
コラムで

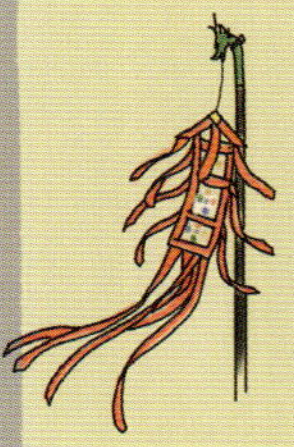

文花さんの
聖霊会
短歌コーナー

昇り楽一舎利二舎利三綱は
声密やかに供養したまふ

「三綱」とは、元来は大きな仏教寺院における、寺務の実質的な運営責任を担う三名の重役をさす役職名です。日本の律令制度でも採用されていましたが、平安時代後期には名誉職的立場の名称になっていました。現代の四天王寺の組織では三綱という役職はありませんが、聖霊会の法要中においては、一舎利・二舎利という象徴的存在に次ぐ、実質的な法要の責任者としてその名残を留めています。

この三綱が、法要本体が開始される前に読みあげるのが「祭文」です。祭文は、神道における祝詞や呪詞にあたるものを仏教の声明で誦した日本独特のものです。この誦唱形態は、陰陽道や修験道へも広まり、近世以降は娯楽的な「歌祭文」や「説教祭文」へと俗化し、さらには「浪花節」へと展開していきます。

聖霊会での祭文は微音で唱えられるので、残念ながらほとんど聴き取れませんが、仏教が日本芸能の母体の一つであることを思い浮かべながら御覧になると、三綱の作法から色々な日本の音が聞こえてくることでしょう。

（小野真龍）

なるほどー

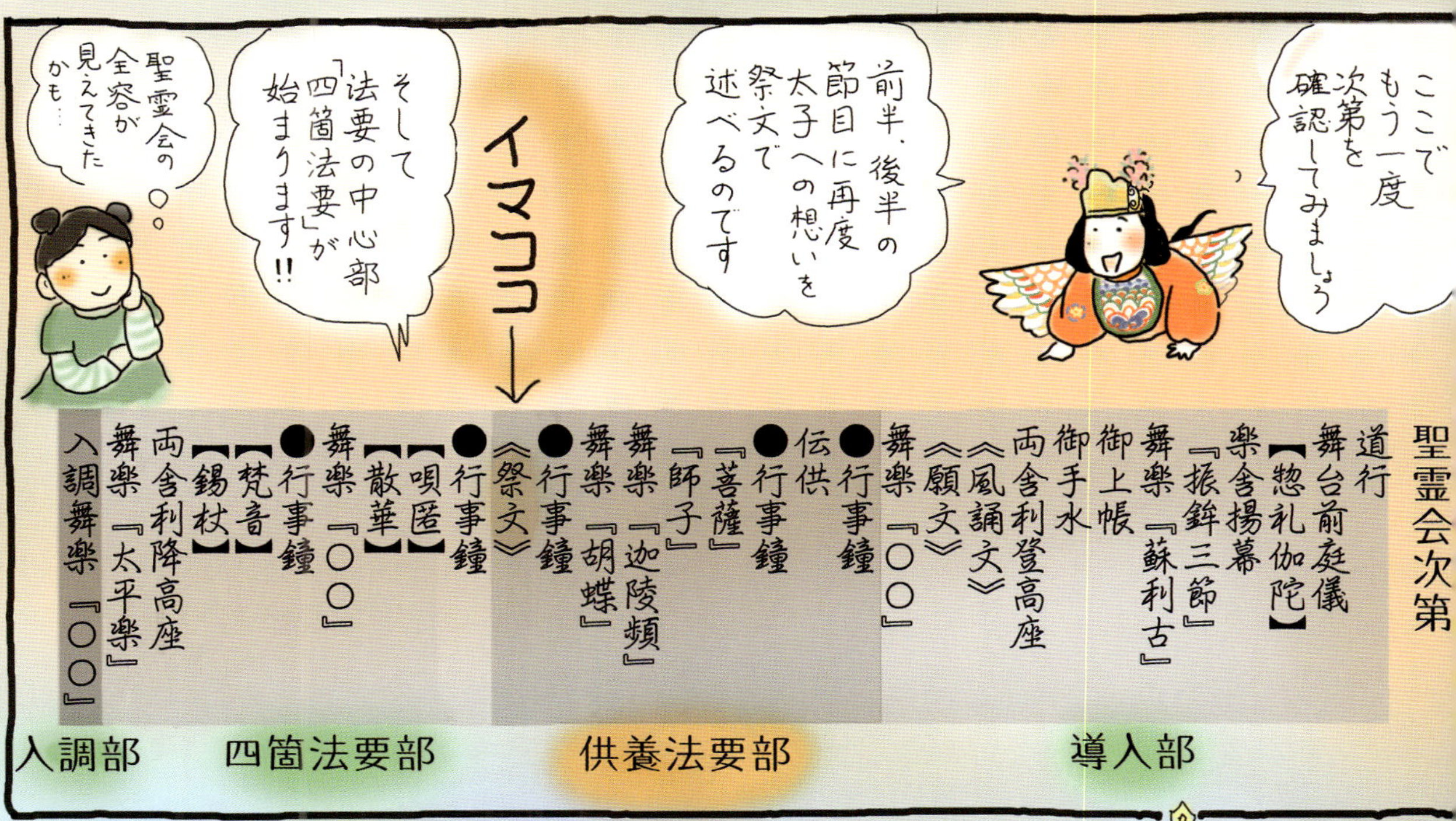

ここでもう一度次第を確認してみましょう
前半、後半の節目に再度太子への想いを祭文で述べるのです
イマココ
そして法要の中心部「四箇法要」が始まります!!
聖霊会の全容が見えてきたかも…
聖霊会次第
道行
舞台前庭儀
楽舎揚幕
【惣礼伽陀】
舞楽『振鉾三節』
舞楽『蘇利古』
御上帳
御手水
両舎利登高座
《風誦文》
《願文》
舞楽『〇〇』
●行事鐘
伝供
●行事鐘
『菩薩』
『師子』
舞楽『迦陵頻』
舞楽『胡蝶』
●行事鐘
《祭文》
●行事鐘
【唄匿】
【散華】
舞楽『〇〇』
●行事鐘
【梵音】
【錫杖】
両舎利降高座
舞楽『太平楽』
入調舞楽『〇〇』
導入部
供養法要部
四箇法要部
入調部

カーン
カーン
この行事鐘は近年新調されたもの
オリジナルは重要文化財!!
宝物館で常設されています
豊臣秀頼《とよとみひでより》寄進の銘文が刻まれています
祭文が終わると再び行事鐘が打たれます
高さ3m以上あるんやて!!
17ページ参照
四天王寺御再興
御舞台行事鐘
左近衛権中将
従四位下臣豊臣
朝臣秀頼
御奉行
小西式部卿法眼
如清
豊臣朝臣
慶長四暦己亥二月吉祥日
桃山時代

四箇法要《しかほうよう》①（唄匿、散華）

舞楽はいいけど法要はちょっと……
むずかしそう
大丈夫です これを読めば法要が100倍楽しくなります
圧が
四箇法要《しかほうよう》とは
①唄《ばい》（唄匿《ばいのく》とも）
②散華《さんげ》
③梵音《ぼんのん》
④錫杖《しゃくじょう》
この四つの声明《しょうみょう》が唱えられる法要という意味です
まずここがポイント
「唄」を唱える唄師が東礼盤に着座
・附楽「賀王恩《かおうおん》」
続いて「散華」を唱える衆僧が舞台上に整列
・附楽「天人楽《てんにんらく》」
四天王寺の法要でしか演奏されない二曲
衆僧《しゅうそう》
それぞれの声明にはリーダーがいて（唄師、散華師、梵音師、錫杖師）頭の発音《はつとん》（ソロ部分）を唱えます
唄師《ばいし》
唄を唱えるには特別に唄を伝授される必要があるんです
唄、散華はセットで進行します
散華行道《さんげぎょうどう》
舞台を廻る行道の華やかさ そして舞い散る散華が見どころ
わーきれい
令和4年の御聖忌結願としての聖霊会では大行道が行われました

声明譜を博士《はかせ》というよ
唄師
始段唄
如来妙色
※聖霊会の実唱部分のみ紹介
散華
天地此界多聞室
香華供養佛
唄と散華 二曲の声明が同時に唱えられる
華籠《けこ》
ホントに二つの曲が!? 聞きどころですわよ
ひゃー これはフクザツ…
文花さんの聖霊会短歌コーナー
衆僧の指の先よりとりどりの散華舞ひ散る刹那の法悦
散華拾えた♫

ここで舞楽 四箇法要の中に挿入される舞楽は毎年違う舞が右方平舞から選ばれる
例えば舞楽『地久』
このように雅楽曲と舞楽が四箇法要の進行をつかさどる壮麗なスタイルを「舞楽四箇法要」といいます
梵音 錫杖につづく

四《し》箇《か》法《ほう》要《よう》②（梵《ぼん》音《のん》、錫《しゃく》杖《じょう》）

続いて四箇法要の後半衆僧が再び登場します楽は『延喜楽《えんぎらく》』↗
高麗楽《こまがく》は附楽《つけがく》に珍しい
「梵音《ぼんのん》」
仏、菩薩の清澄な音声《おんじょう》を意味します
梵音
十方所有勝妙華
同
是以供養諸如来
（意訳）
あらゆる所にある勝れた妙なる華これを以て諸如来を供養しましょう
お浄土を表すこの大空間に響き渡る声明《しょうみょう》は何ともありがたいものです
なんていいお声なんでしょう…
四天王寺の声明は天台宗系で大変優雅です
現在は和宗総本山ですが戦前、天台宗に属していた時代もあったのです

聖霊会の法要部分は四箇法要といわれる儀軌で行われます。四箇法要は唄匿・散華・梵音・錫杖という四曲の声明を柱として構成される法要で、かつて奈良時代の東大寺大仏開眼供養会でも執行されました。四箇法要は、平安時代には雅楽・舞楽を交えた舞楽四箇法要へと進化し、聖霊会にもそれが取り入れられたと考えられます。天台宗系統では顕教仕立ての法要の最高の格式を持つ法要とされており、まさに太子の御霊をお慰めするにふさわしい法要形態であるといえましょう。

錫杖は、邪気を払う法具である錫杖を、曲中に実際に鳴らしながら唱えられますが、聖霊会では、舞台上で錫杖師が鳴らす錫杖と堂内で鳴らされる都錫杖という大型の設置型錫杖との掛け合いがなされるところが見所で、ここにのみ都錫杖の古儀が保存されています。また、梵音・錫杖を唱えるために衆僧が六時堂から舞台へ登られる際の附楽は高麗楽の「延喜楽」が用いられています。高麗楽が附楽に用いられることは大変珍しく、これも聖霊会ならではといえましょう。そして、現代では四箇法要が執行されること自体が希になっており、盛大な舞楽四箇法要が毎年行われるという観点からしても、聖霊会は、舞楽だけではなく、大変重要な声明伝統をも伝承しているといえましょう。

（小野 真龍）

文花さんの聖霊会短歌コーナー
声明を唱ふ僧侶は経本に散華一葉挟みてゐたり
錫杖
三世諸佛執持錫杖
供養三寶
一振
一振
三振
舞台上と同時に六時堂の中で大型の都錫杖が鳴らされる
※外からは見えません
がシャ
がシャ
がシャがシャ
がシャがシャがシャ
「錫杖《しゃくじょう》」
錫杖は大きな音で睡魔や毒獣を払う持物で悪心を改め正しい道に戻すという意が込められています
ここが聞きどころ!! 2つの錫杖の音を聞き逃さないでね
①錫杖師の錫杖
②都錫杖《としゃくじょう》
音担当の大型の錫杖頭が升型の箱に据えられている
四股十二輪
奥からめっちゃ見ている
大きな音のヒミツ!?
両舎利降高座《りょうしゃりこうこうざ》
四箇法要が終わると両舎利も高座から六時堂へお戻りになります
楽は『長慶子《ちょうげいし》』貴人の退出時や雅楽の演奏会の最後に演奏される曲
源博雅《みなもとのひろまさ》の作曲
一舎利
二舎利
四箇法要満喫しちゃいました!!
それはよかった!!

太平楽《たいへいらく》

太平楽は、現代では法要を締めくくる最後の舞となっています。武人の甲冑姿を模した装束は十数キロに及び、装着自体に45分ほどかかります。装束の拘束により身体動作に大きな制限が加えられるなかで、約50分に及ぶ大組曲をいかに勇壮に舞いきるかが天王寺楽人の腕の見せところです。この舞を経験することは天王寺舞楽を志す者の一つの通過儀礼であり、走舞習得への道を開くものと考えられています。

雅楽界全体でも太平楽の全曲が奏されることは非常に稀ですが、聖霊会では毎年省略なしに全曲が舞われます。それゆえ、鉾を受けとる際の所作「鉾取手」や、鉾先を検めながら舞座へ移動する「道行」の部分は四天王寺にのみ残る古態をきちんと受け継いでいます。また、破の後半部分である「鉾回し」の部分も古態を忠実に残しているものと考えられており、天王寺舞楽のなかでも文化財的価値が非常に高い舞曲といえましょう。

（小野 真龍）

鉾《ほこ》
蛇が巻いている
鉾鰭《ほこひれ》
舞楽
太平楽《たいへいらく》
武舞《ぶのまい》／四人舞《よにんまい》／左舞《さまい》
工芸の技を集めた舞楽の中で最も豪華絢爛な装束!!
15kg以上あるという重い装束を着け一時間近く勇壮に舞い続けます
胡簶《やなぐい》に矢が逆さまに入れてあることから平和を祈る舞とされています
兜《かぶと》
肩喰《かたくい》
唐風の甲冑姿はまさに動く四天王像
すごい
めちゃかっこいーです
籠手《こて》
玉がはめ込まれている
袍《ほう》
鶴の刺繍
弓を収納するとされる四天王寺では右側につけてより取り出しにくくして平和を祈っている
魚袋《ぎょたい》
彩色が美しい
胡簶《やなぐい》
逆さまの矢は平和の象徴
大刀《たち》
高級車が買えるお値段らしいです
鎧《よろい》
鈴がついていて舞人の動きに合わせて鳴る
脛当《すねあて》
金箔を押した皮を透かし彫り
肩喰の一例
肩喰《かたくい》と帯喰《おびくい》
木彫彩色
四人それぞれ神獣の意匠が違う
肩に装着、口から腕を出す
帯喰は、平緒の結び目を隠す

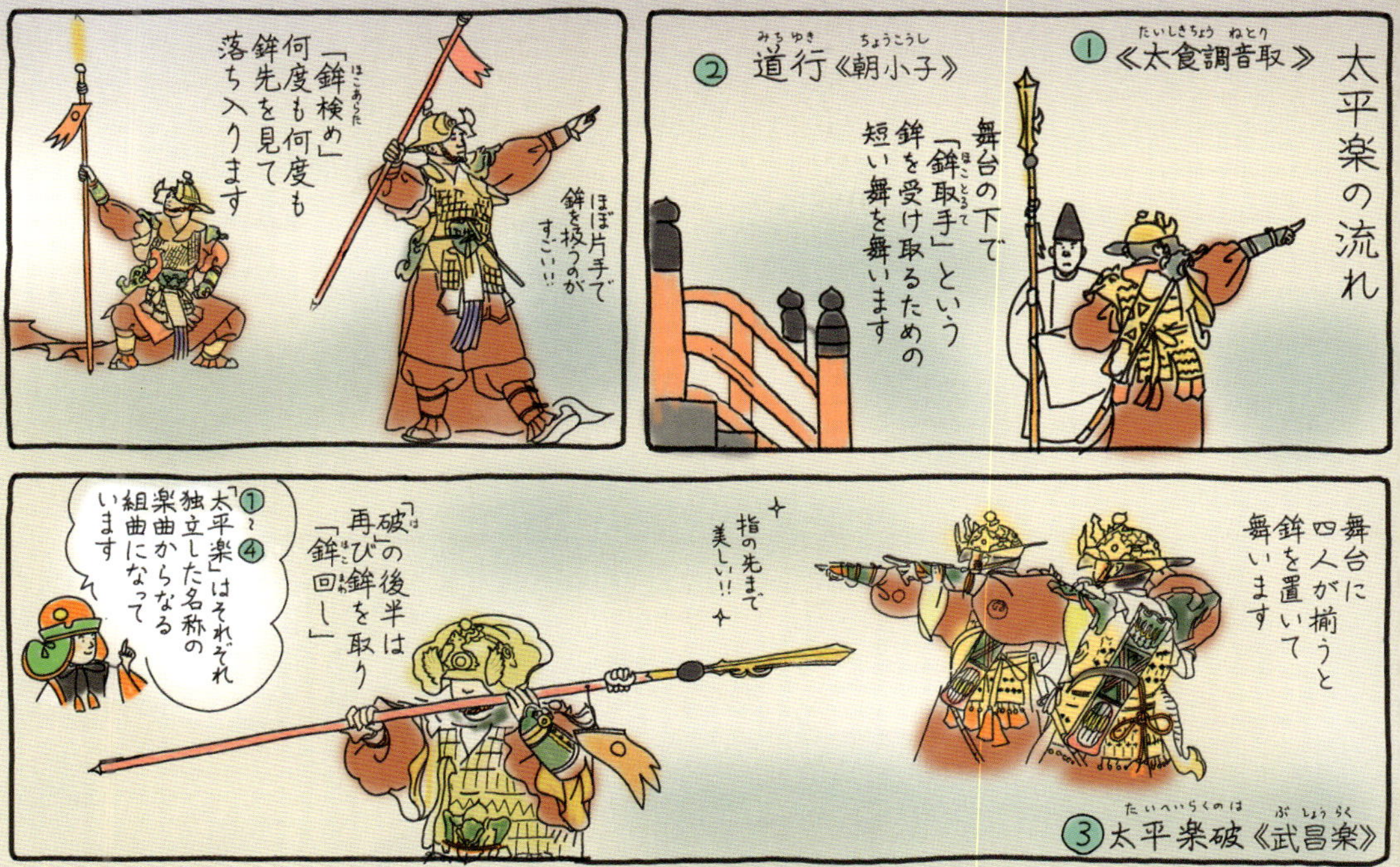
太平楽の流れ
①《太食調音取《たいしきちょうねとり》》
舞台の下で「鉾取手《ほことるて》」という鉾を受け取るための短い舞を舞います
②道行《みちゆき》《朝小子《ちょうこうし》》
「鉾検め《ほこあらため》」何度も何度も鉾先を見て落ち入ります
ほぼ片手で鉾を扱うのがすごい!!
舞台に四人が揃うと鉾を置いて舞います
指の先まで美しい!!
「破《は》」の後半は再び鉾を取り「鉾回《ほこまわ》し」
①〜④「太平楽」はそれぞれ独立した名称の楽曲からなる組曲になっています
③太平楽破《たいへいらくのは》《武昌楽《ぶしょうらく》》

文花さんの聖霊会短歌コーナー

勇壮に太平楽を舞ひし人とふとすれ違ふ街に住みたり

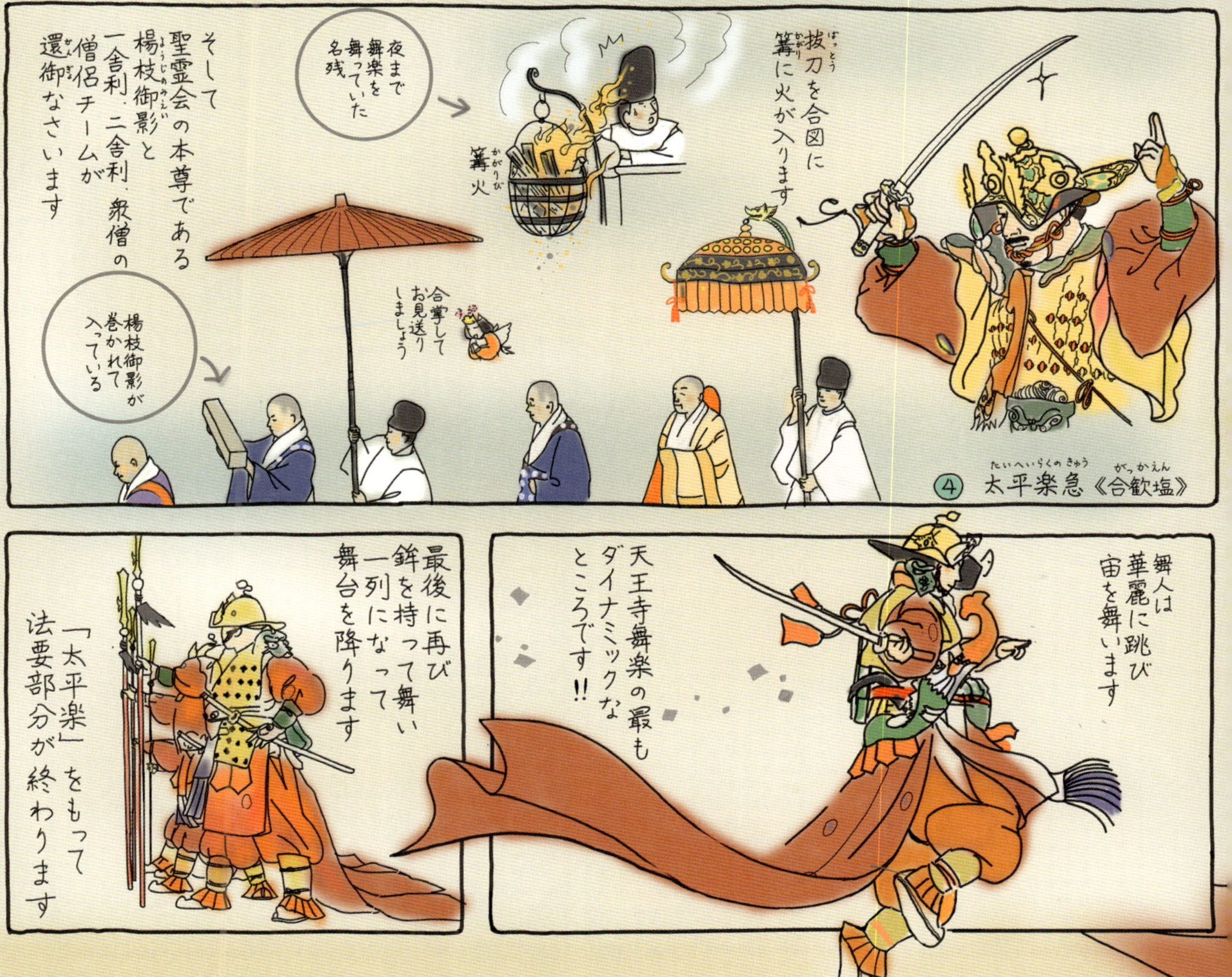
抜刀《ばっとう》を合図に篝《かがり》に火が入ります
篝火《かがりび》
夜まで舞楽を舞っていた名残
そして聖霊会の本尊である楊枝御影《ようじのみえい》と一舎利、二舎利、衆僧の僧侶チームが還御《かんぎょ》なさいます
楊枝御影が巻かれて入っている
合掌してお見送りしましょう
④太平楽急《たいへいらくのきゅう》《合歓塩《がっかえん》》
舞人は華麗に跳び宙を舞います
天王寺舞楽の最もダイナミックなところです!!
最後に再び鉾を持って舞い一列になって舞台を降ります
「太平楽」をもって法要部分が終わります

入《にゅう》調《じょう》

古来、舞楽法会に際しては、必要な次第が行われて、法要部分が終了した後に、法要に参加した僧俗が、法要の名残りをかみしめつつ舞楽を楽しむことがしばしばなされました。この舞楽法会の終局部分が「入調」といわれます。通常は二曲ほどですが、その曲数には定めはなく、四天王寺の聖霊会においては、江戸期には十六〜十八曲もの舞楽が演じられていました。聖霊会の参詣者たちは、法要部分の終了後も、深夜にいたるまで舞楽を楽しんでいたようです。

令和四年の聖徳太子千四百年御聖忌を記念した聖霊会では、曲数こそ三曲でしたが、江戸期に倣って入調舞楽の上演は夜間に行われました。篝火に照らし出された暗がりの中での舞姿や装束は、陽光のもとでの舞楽とはまた異なる神秘的な美しさをたたえており、神事のような趣すらあり、古の参詣者が深夜まで境内に留まった訳がわかるような想いを致しました。入調舞楽は、民衆の仏縁を深める重要な役割を持っているのです。

（小野 真龍）

曼珠沙華の花弁
ほぼ実物大シルエット

必見！いよいよ最後の舞楽ですよ
入調《にゅうじょう》
入調とは法要が終わり参詣者が共に楽しむ余興的な部分を指します
現在は主に走舞《わしりまい》から一曲選ばれます
※曲目は第19回参照
昔は夜遅くまでたくさんの入調の舞楽が舞われていました
曲目の一例
『蘭陵王《らんりょうおう》（陵王《りょうおう》）』
走舞って勇壮でかっこいい曲が多いですよ
はい

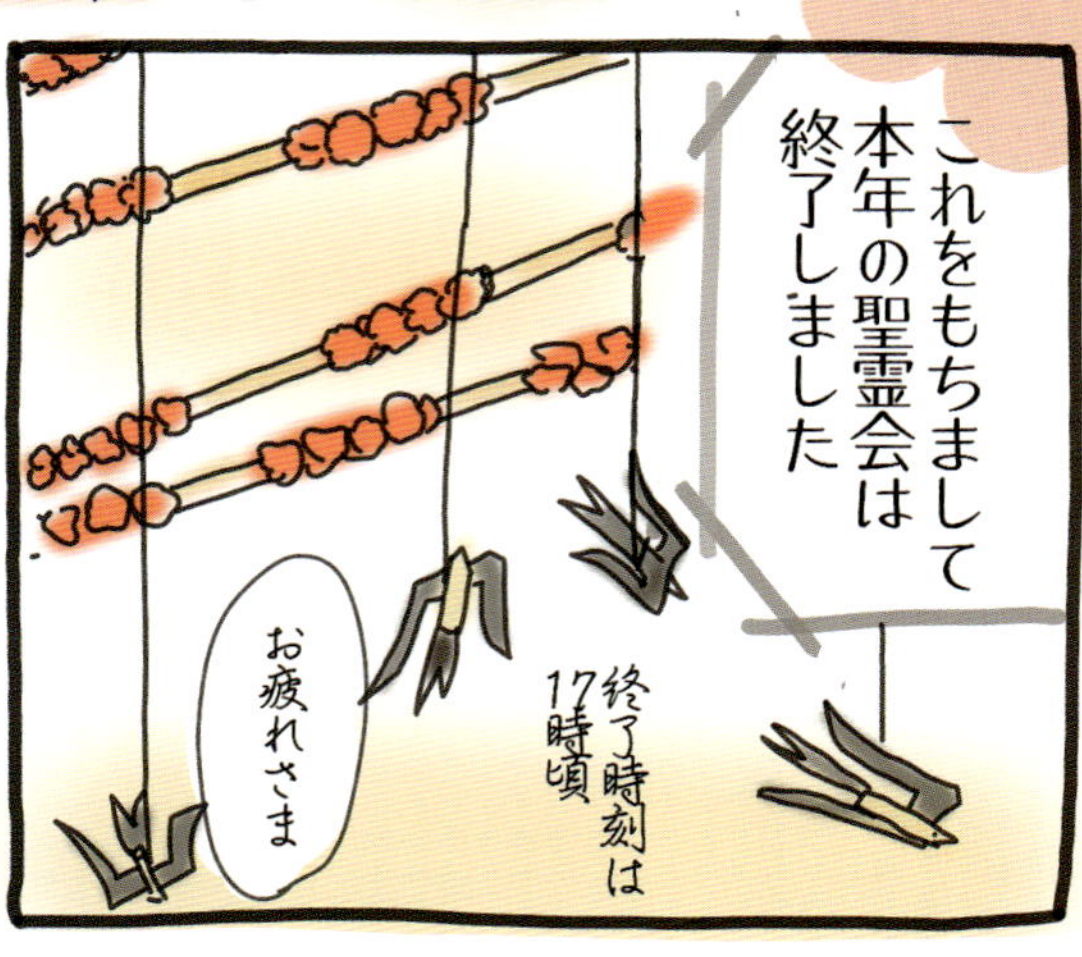
これをもちまして本年の聖霊会は終了しました
終了時刻は17時頃
お疲れさま

ほら楽人さんたちが帰っていく
安堵感と充実感で何だかすごく神々しい

文化さんの聖霊会短歌コーナー
聖霊会の奏楽終へし楽人がそぞろに帰る光纏ひて
ここにいたの？探してたんよ！早くお風呂に入らんと
わぁお母さんや!!
そう子さんほなまた来年も見に来てな！
迦陵頻ちゃん一日ご案内ほんまにありがとう
お疲れ様でした聖霊会はいかがでしたか？
えぇっ蘭陵王の中の人は小野先生でしたか
千四百年の歴史ある聖霊会がこの先もずっと続くにはどうすればいいでしょうね
うーんまず多くの人に知ってもらうこと
そして何より疫病もなく戦争もなく世界が平和であること
和を以て貴しとなす
法要編 おわり

写真で見る聖霊会

- 石舞台《いしぶたい》
- 獅子《しし》
- 蘇利古《そりこ》
- 振鉾《えんぶ》
- 四箇法要《しかほうよう》
- 太平楽《たいへいらく》

聖霊会の華

舞楽や楽器のことなど

還城楽《げんじょうらく》

聖《しょう》霊《りょう》会《え》の舞楽一覧（主な現行曲）

赤字　左方舞(人数)
緑字　右方舞(人数)
紫字　左右から出る舞(人数)
※四人舞の人数は変動することがあります

この他にも廃絶した曲や復興予定の曲があります

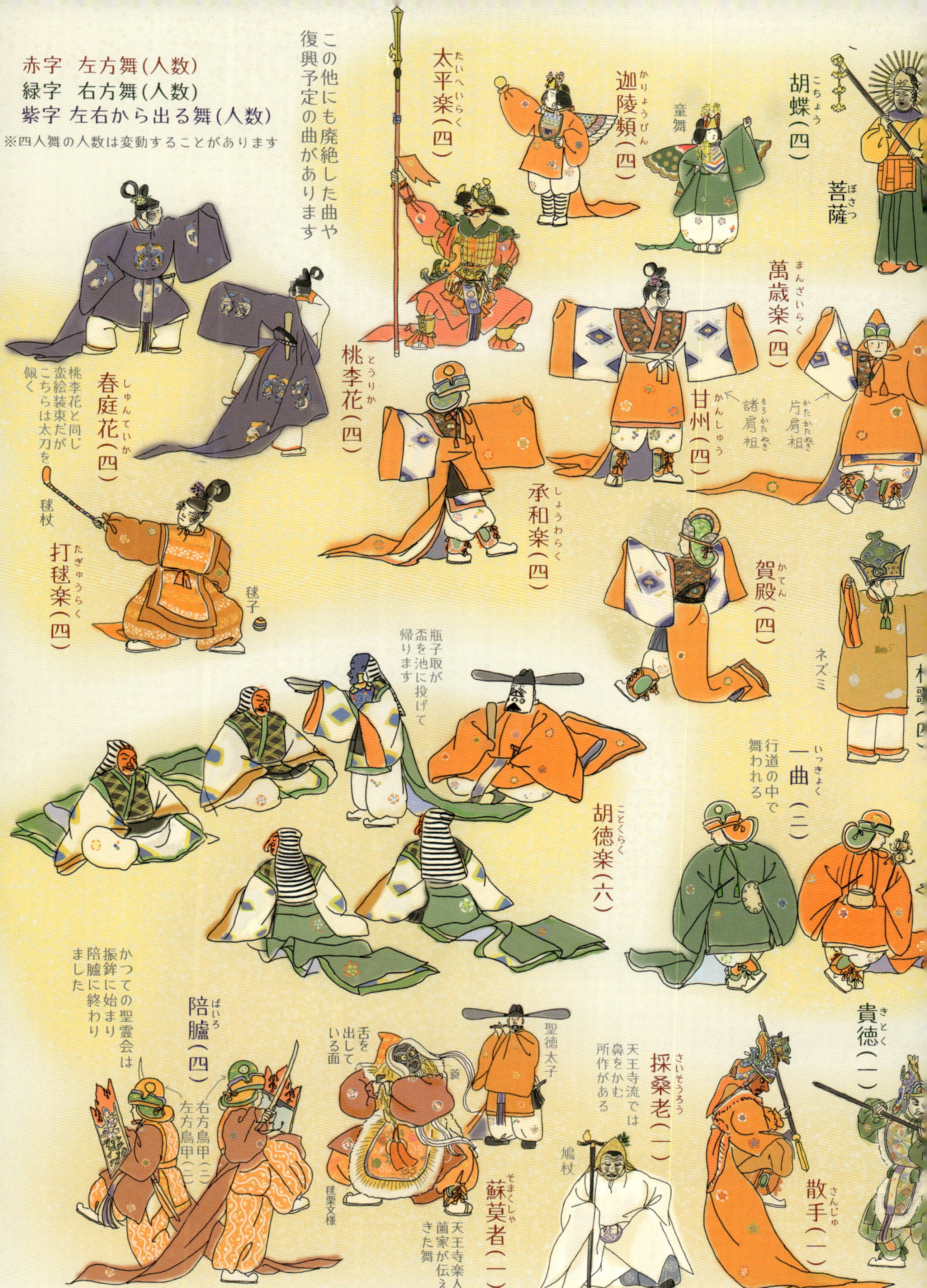

楽舎と楽器

右方楽舎《うほうがくしゃ》

右方舞楽（高麗楽《こまがく》）と附楽も担当するため笙、龍笛も演奏する

左右楽舎の間には御供所《ごくしょ》がある

楽器

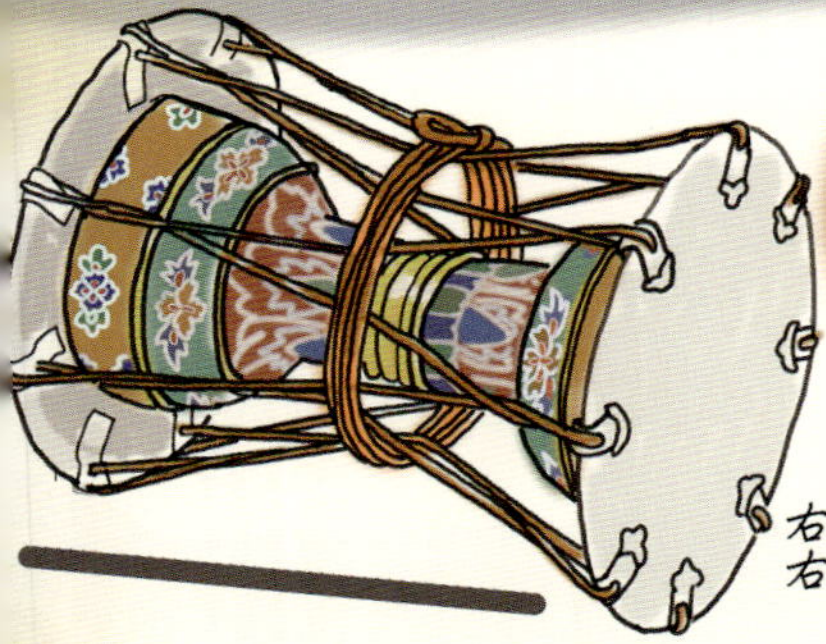

三ノ鼓《さんのこ／さんのつづみ》

右方楽頭が担当
右方舞楽で演奏する

篳篥《ひちりき》

主旋律を演奏する小さな立笛だが音が大きい

笙《しょう》

天から差し込む光のような音色
鳳凰が羽を休める姿に似ているので鳳笙《ほうしょう》ともいう

十七本の竹管のうち十五本にリードが付いている

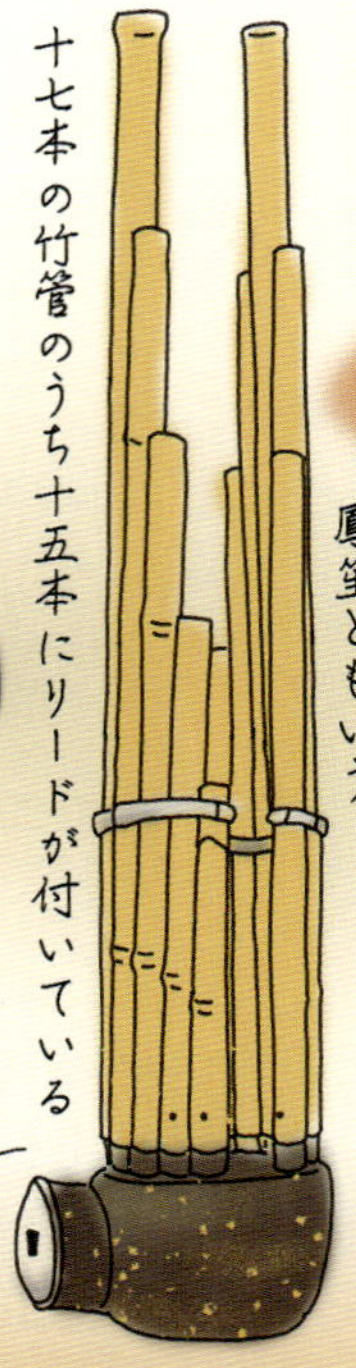

龍笛《りゅうてき》

天地を行き交う龍の声といわれる
雅楽曲の冒頭は笛の独奏からはじまる

高麗笛《こまぶえ》

右方舞楽（高麗楽）に用いる
龍笛より小型で高音

指孔が龍笛より一つ少ない

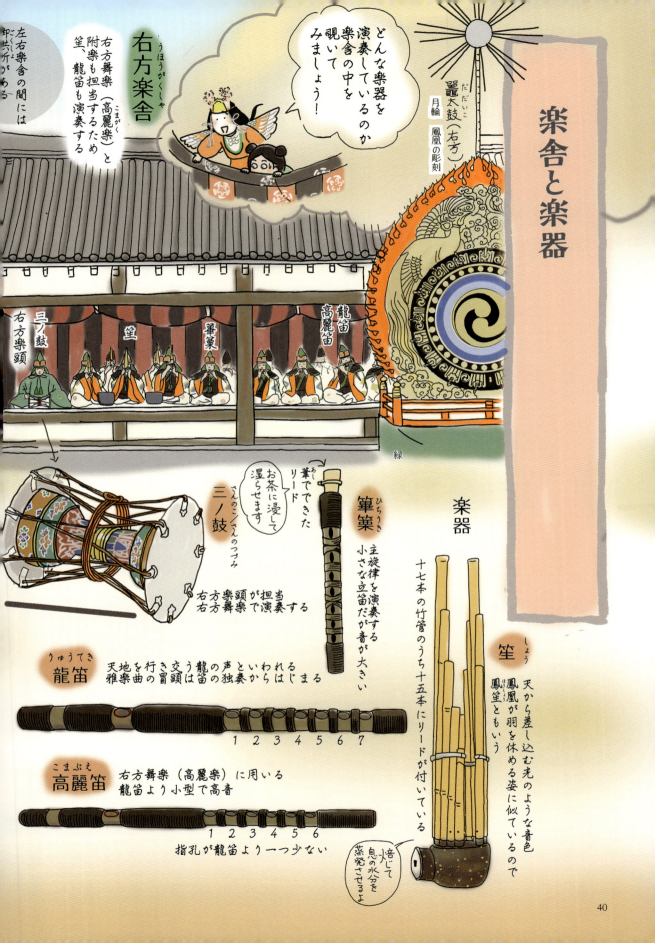

左方楽舎《さほうがくしゃ》
左方舞楽(唐楽《とうがく》)附楽を演奏
聖霊会の楽舎では箏、琵琶鉦鼓は使用しない
最前列は主管クラスの襲装束の楽人が座り大変華やか
各楽舎の中には二十五人程度の楽人がいて「太平楽」や「陪臚」は両楽舎で演奏する
鼉太鼓《だだいこ》(左方)
日輪
龍の彫刻
文花さんの聖霊会短歌コーナー
華やかな舞台にまして尊きは日ごろの稽古と後始末なり
赤
龍笛
篳篥
笙
鞨鼓
左方楽頭
袍を着る
笙を焙じる火鉢
荷太鼓《にないだいこ》
荷鉦鼓《にないしょうこ》
道行で使用する楽器
鞨鼓《かっこ》
左方楽頭が担当
二本のバチで掻《か》く
大陸由来の極彩色が美しい
道行と舞楽「一曲」で使用する楽器
鼗鼓《とうこ》
振り鼓
左方楽頭が左手に持ち道行で用いる
鶏婁鼓《けいろうこ》
左方楽頭が首から吊るす
壱鼓《いっこ/いちのつづみ》
右方楽頭が道行で用いる三ノ鼓より小さく肩から吊り下げる
楽人さんたちはどんな人たちなんでしょう?
お寺の人?
明治時代までは家職として代々受け継ぐ楽家の人でしたが今は志望されて雅亮会に入門された一般の人たちですよ
主婦やOLさん
他宗派のお寺さんも多いです

聖徳太子千四百年御聖忌の聖霊会《しょうりょうえ》
～聖霊会の今と昔①～

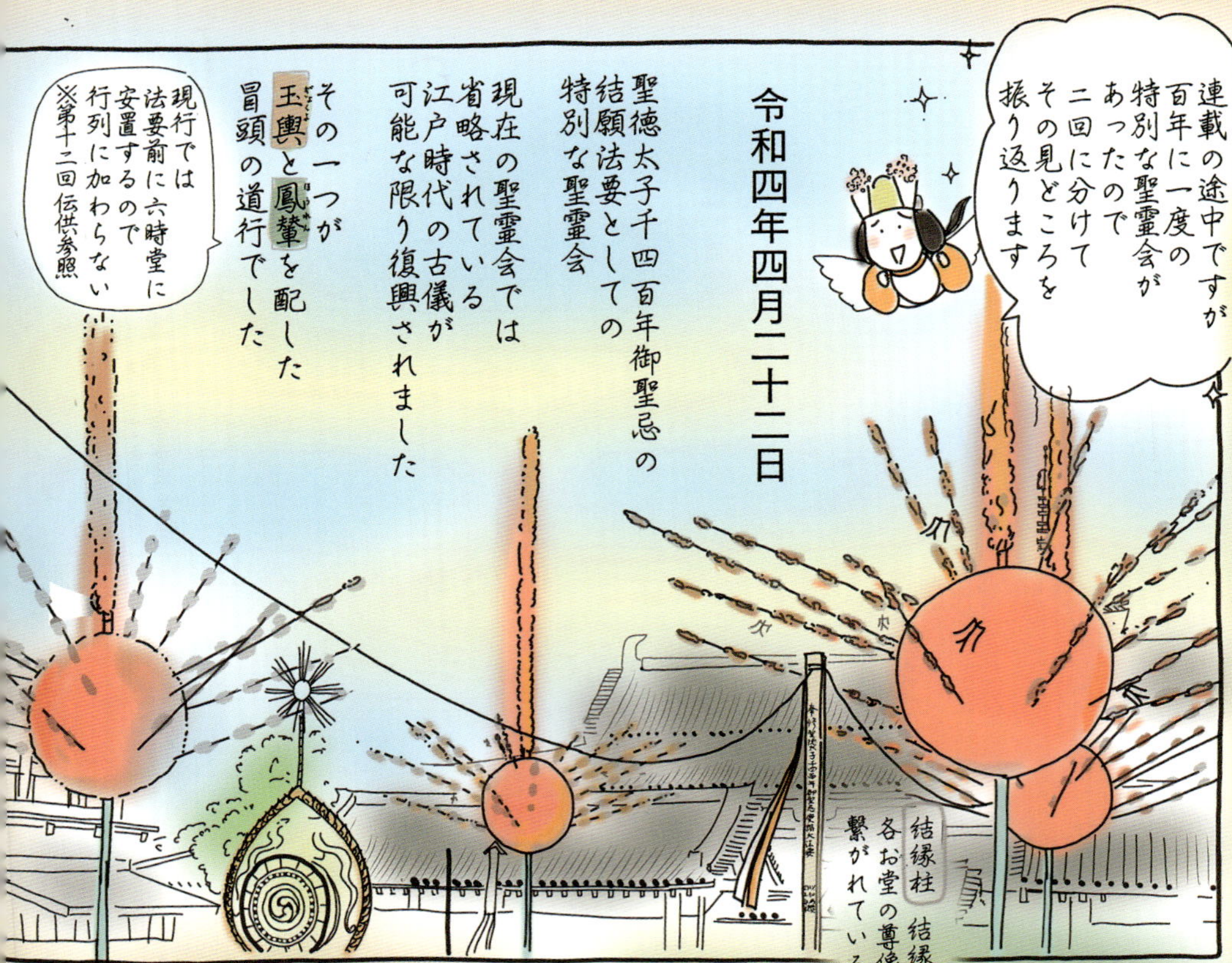

令和四年
聖霊会次第

グレーで囲った文字が
江戸時代の
古儀を復興した部分
（現在省略されている部分）

道行
出御
仁王門前讃禮
道行
舞台前庭儀式
両輦入堂
惣礼伽陀
集会乱声
『振鉾』
舞楽『蘇利古』
御上帳
御手水
献茶
両舎利登高座
諷誦文
願文
行事鐘
伝供
行事鐘

玉輿《ぎょくよ》
三度「乱声」が奏されました
一度目は衆僧が堂内に入り
二度目は御遷座（ミヤスメ）
三度目に出御
お出ましになった瞬間の神々しさに人々は息を呑みました

文花さんの聖霊会短歌コーナー

乱声は聖なるものが現るる時に奏する曲と知るべし

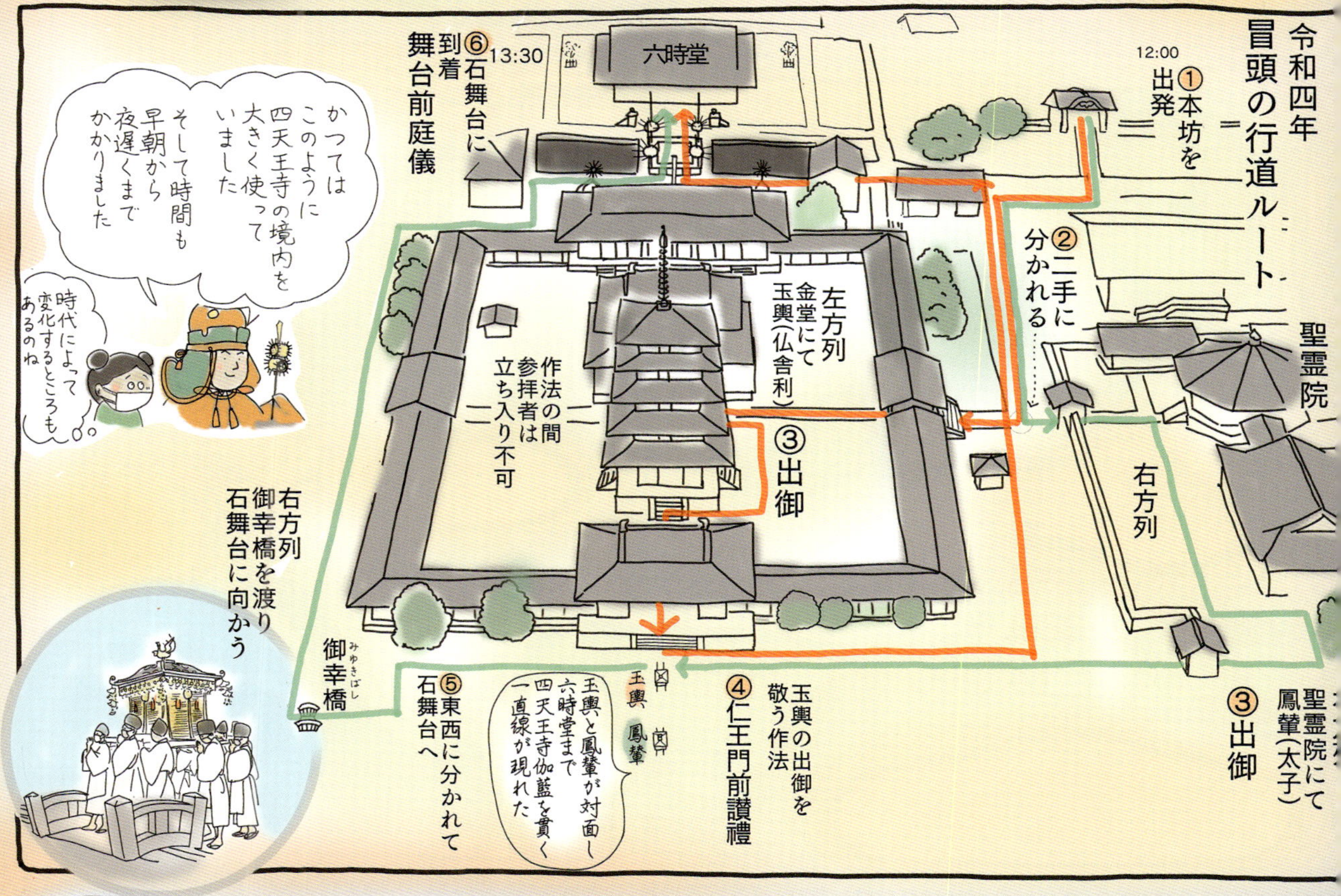
令和四年 冒頭の行道ルート
12:00
①本坊を出発
②二手に分かれる……
聖霊院
③出御
聖霊院にて鳳輦（太子）
右方列
左方列 金堂にて玉輿（仏舎利）
③出御
作法の間 参拝者は立ち入り不可
六時堂
13:30
⑥石舞台に到着 舞台前庭儀
④仁王門前讃禮
玉輿の出御を敬う作法
玉輿
鳳輦
玉輿と鳳輦が対面し六時堂まで四天王寺伽藍を貫く一直線が現れた
⑤東西に分かれて石舞台へ
御幸橋《みゆきばし》
右方列 御幸橋を渡り石舞台に向かう
かつてはこのように四天王寺の境内を大きく使っていました そして時間も早朝から夜遅くまでかかりました
時代によって変化するところもあるのね

祭文
舞楽『迦陵頻』
舞楽『胡蝶』
行事鐘
唄匿
散華
大行道
『一曲』
舞楽『桃李花』
行事鐘
讃
舞楽『仁和楽』
梵音
錫杖
両舎利降高座
舞楽『太平楽』
入調
舞楽『蘇莫者』
舞楽『納蘇利』
舞楽『陪臚』

別名「梅の木行道」
『一曲』が3回舞われる一大ページェント

今回のみ入調舞楽が二曲増えました

聖徳太子千四百年御聖忌の聖霊会《しょうりょうえ》
～聖霊会の今と昔②～

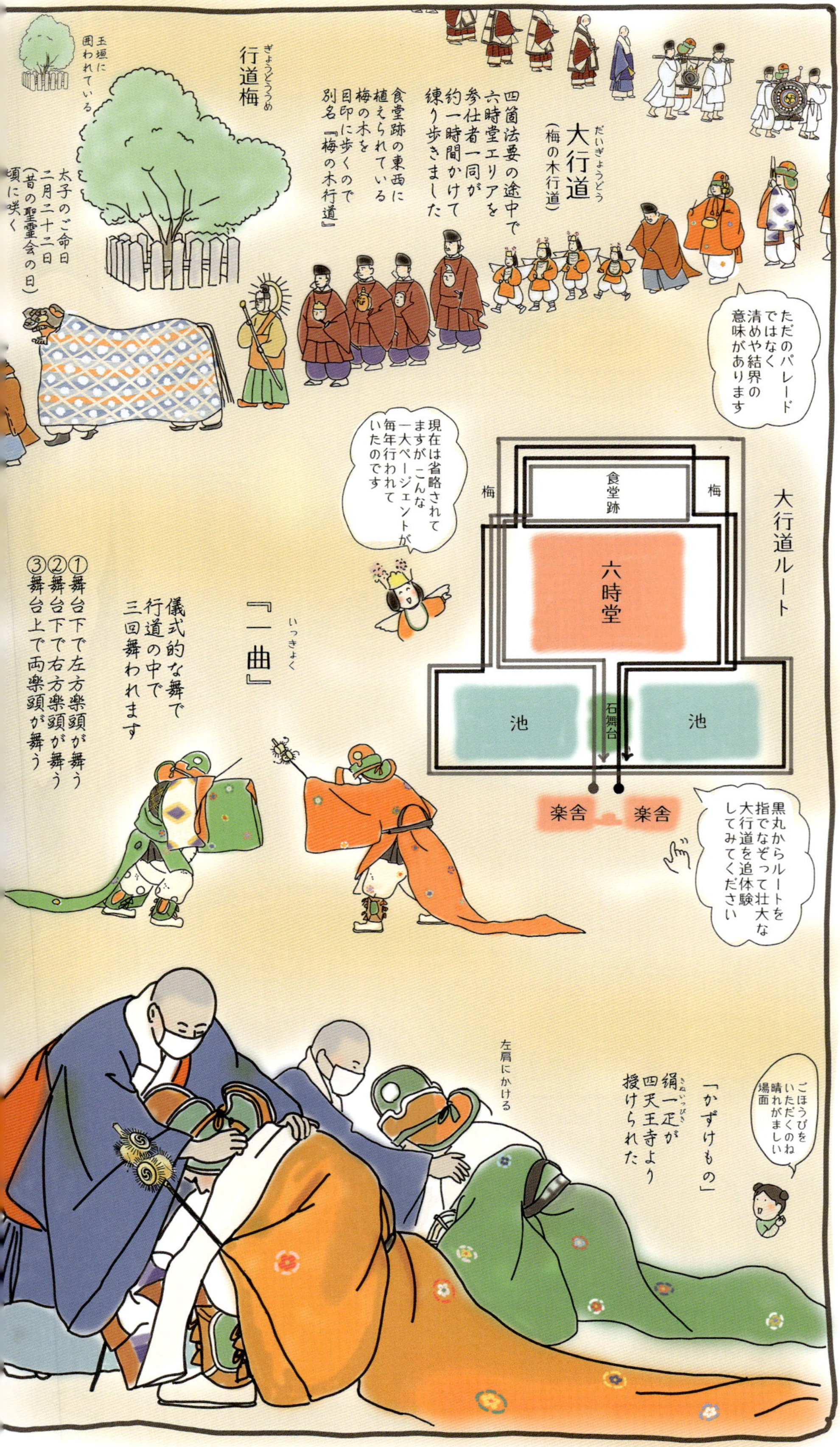

大行道《だいぎょうどう》
（梅の木行道）
四箇法要の途中で
六時堂エリアを
参仕者一同が
約一時間かけて
練り歩きました
食堂跡の東西に
植えられている
梅の木を
目印に歩くので
別名『梅の木行道』
行道梅《ぎょうどううめ》
玉垣に
囲われている
太子のご命日
二月二十二日
（昔の聖霊会の日）
頃に咲く
ただのパレードではなく清めや結界の意味があります
現在は省略されてますが－こんな一大ページェントが毎年行われていたのです
大行道ルート
食堂跡
梅
梅
六時堂
池
石舞台
池
楽舎
楽舎
黒丸からルートを指でなぞって壮大な大行道を追体験してみてください
『一曲《いっきょく》』
儀式的な舞で
行道の中で
三回舞われます
①舞台下で左方楽頭が舞う
②舞台下で右方楽頭が舞う
③舞台上で両楽頭が舞う
「かずけもの」
絹一疋《きぬいっぴき》が
四天王寺より
授けられた
左肩にかける
ごほうびをいただくのね晴れがましい場面

文花さんの聖霊会短歌コーナー

楽の音に行道梅もほころびぬ
千四百年の遠忌法要

令和四年二月二十二日御正當法要の歌

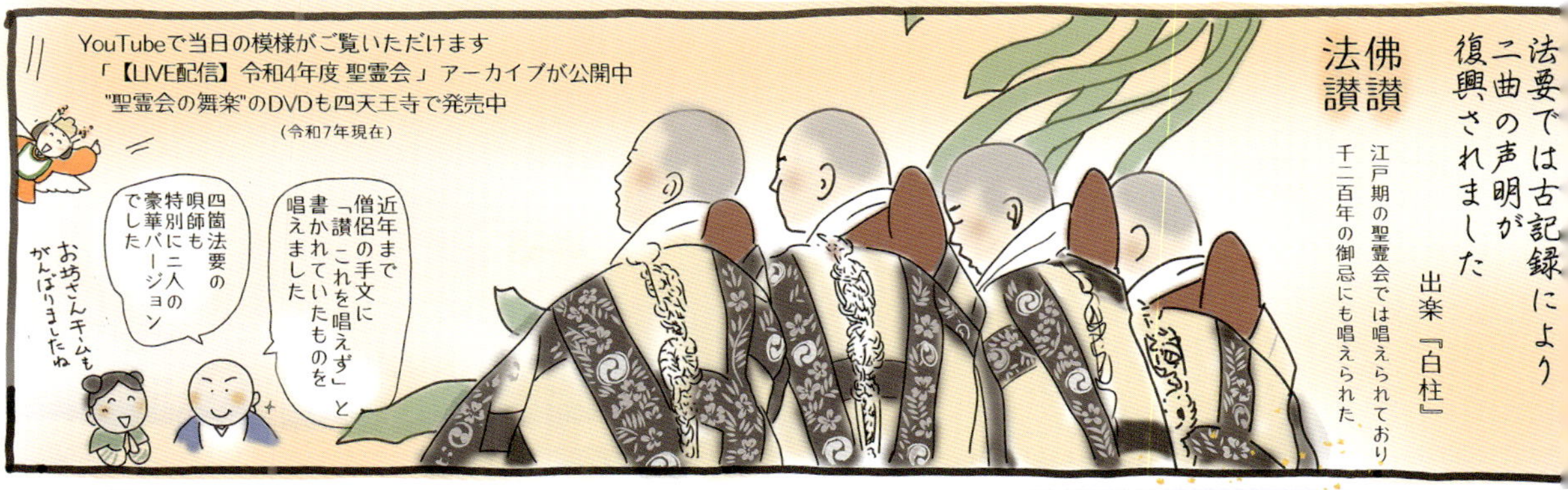

法要では古記録により二曲の声明が復興されました
出楽『白柱』
佛讃
法讃
江戸期の聖霊会では唱えられており
千二百年の御忌にも唱えられた
YouTubeで当日の模様がご覧いただけます
「【LIVE配信】令和4年度 聖霊会」アーカイブが公開中
"聖霊会の舞楽"のDVDも四天王寺で発売中
(令和7年現在)
近年まで僧侶の手文に「讃これを唱えず」と書かれていたものを唱えました
四箇法要の唄師も特別に二人の豪華バージョンでした
お坊さんチームもがんばりましたね

このように多くの古儀が復興され『太平楽』で篝に火入れされたのは夕暮れ時になりました
夜の曼殊沙華は昼に増して神秘的でありました
陪臚《ばいろ》
納蘇利《なそり》
蘇莫者《そまくしゃ》
入調舞楽が三曲舞われ八時間に及ぶ大法要が終わり聖徳太子千四百年御聖忌慶讃大法会は無事に結願したのです

令和四年の聖霊会では、法要中の「大行道」が、三回の舞楽「一曲」の奏舞を含む完全な形で復興されました。このような古儀の完全な復興は、現存する明治時代以降の記録には見ることができません。大行道においては、石舞台及び六時堂の周囲の空間が、楽人の先導のもと衆僧や尊格たちが約一時間練り歩くことによって聖化されます。大行道中に挿入される一曲は、左右楽頭が、それぞれの持つ鼓を打ち鳴らしつつ舞う極めて珍しい儀礼的な舞で、大規模な法会においてしか見られないものです。まず、行道の途中に、楽舎前の石舞台下において、左右のそれぞれの楽頭が舞い、行道の最後にもう一度、今度は左右楽頭が揃って舞台上に登り、一緒に一曲を舞います。聖霊への深い讃仰を表現する所作といえましょう。

法要後の入調舞楽も令和四年度は三曲奏されました。篝の火入れのタイミングが、江戸時代と同じくちょうど夕闇の刻限となり、夜間の入調舞楽となりました。その雰囲気はまさに夜間の神事舞楽そのもので、いかにも聖霊会に集った神々と神遊びをしているかのような神聖な時間でした。かつて毎年入調の最後に奏されていた舞楽「陪臚」によってこの年の特別な聖霊会も締めくくられました。

（小野 真龍）

聖霊会《しょうりょうえ》の設営風景

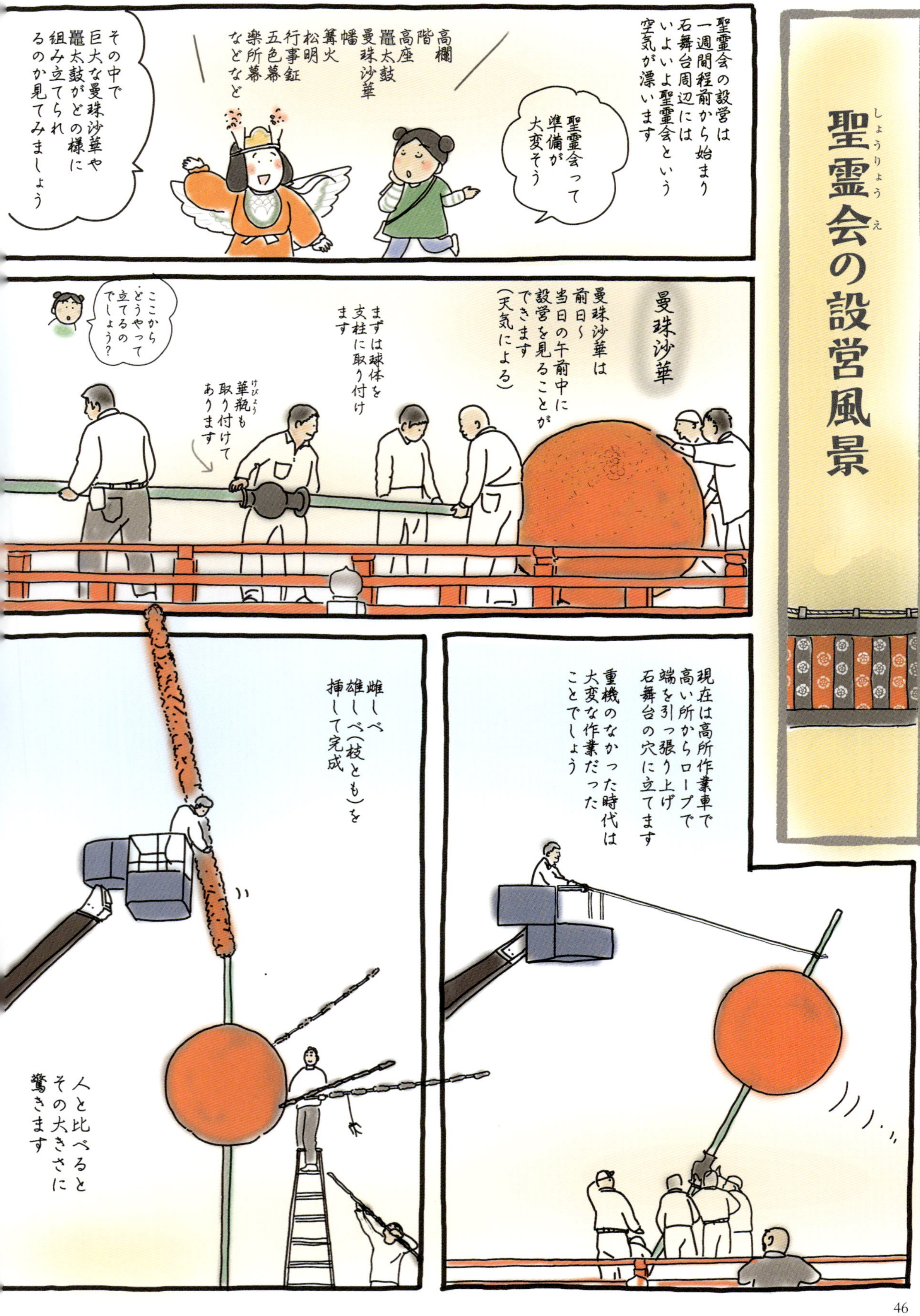
聖霊会の設営は一週間程前から始まり石舞台周辺にはいよいよ聖霊会という空気が漂います
聖霊会って準備が大変そう
高欄
階
高座
畳太鼓
曼珠沙華
幡
篝火
松明
行事鉦
五色幕
楽所幕
などなど
その中で巨大な曼珠沙華や畳太鼓がどの様に組み立てられるのか見てみましょう
曼珠沙華
曼珠沙華は前日〜当日の午前中に設営を見ることができます（天気による）
まずは球体を支柱に取り付けます
華瓶《けびょう》も取り付けてあります
ここからどうやって立てるのでしょう?
現在は高所作業車で高い所からロープで端を引っ張り上げ石舞台の穴に立てます
重機のなかった時代は大変な作業だったことでしょう
雌しべ雄しべ(枝とも)を挿して完成
人と比べるとその大きさに驚きます

鼉太鼓
太鼓は一週間程前に設置されて、数日以内に撤収されます（天気による）
太鼓の舞台 車輪がついているので倉庫から押してきます
太鼓の胴
太鼓の台
調《しらべ》
ゴロゴロ
ゴロ

これは撤収の場面で大型クレーンで部品がダイナミックに外されていきました
彫刻が美しい火焔は三分割されている
①
えーーーっ?!
③
②

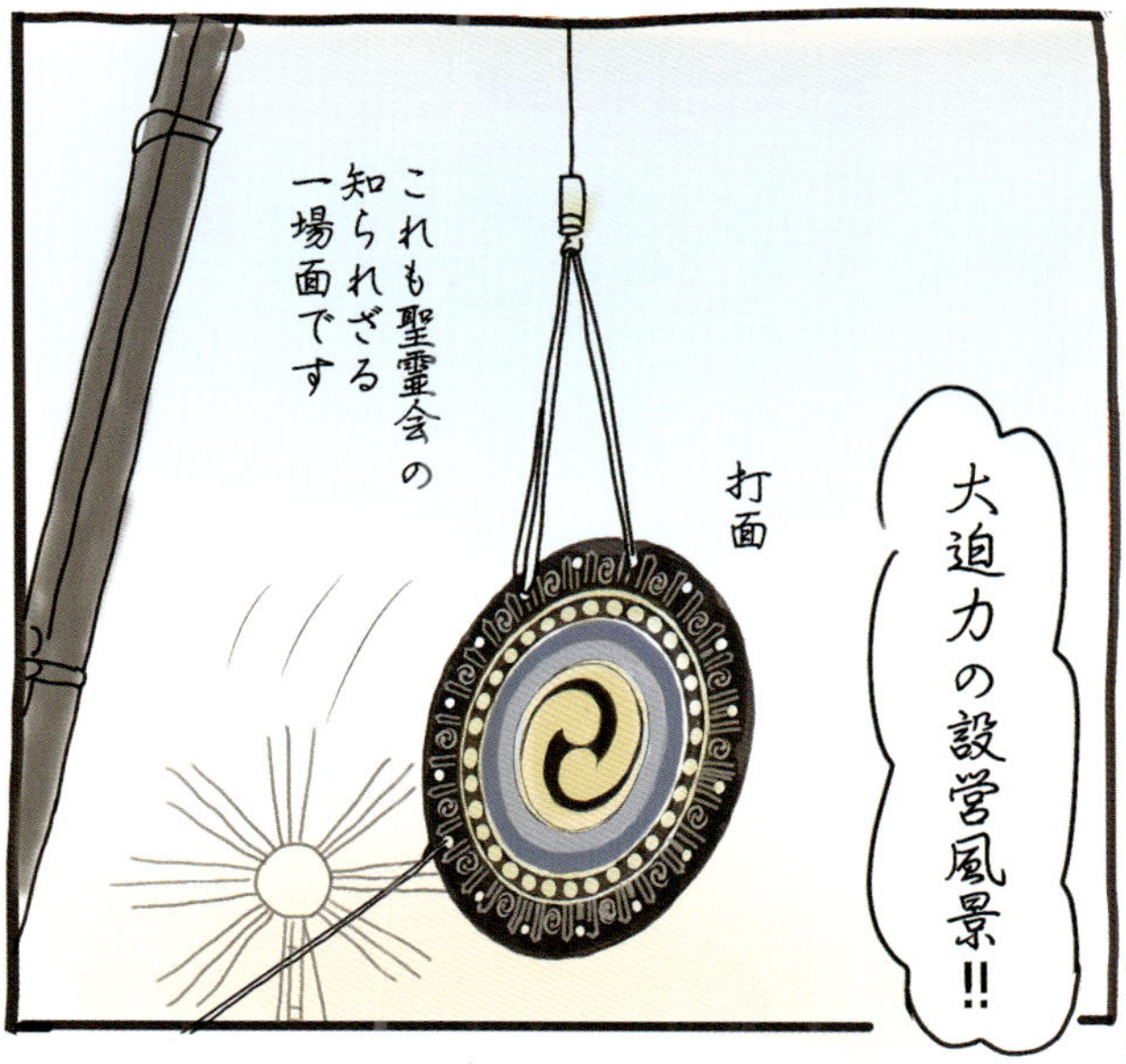
大迫力の設営風景!!
これも聖霊会の知られざる一場面です
打面

聖霊会を飾る巨大なオブジェが二つあります。曼珠沙華と鼉太鼓です。どちらも年に一回だけ聖霊会に用いられるものであり、それ以外の期間は分解されて四天王寺の倉庫に収納されています。その維持管理自体が大きな負担であるわけですが、設置の際にも、とりわけ鼉太鼓は現代では重機などを用いて大変な手間が施されます。

文明の利器のない時代は、もっと多くの人手を動員して、足場を組むところから作業がなされていたことでしょう。人力を用いた仕掛けによって立ち上げていたことでしょうし、それゆえ命がけの仕事でもあったでしょう。もちろん設置費用も相当なものであったと思われます。それにもかかわらず古代から毎年欠かさず設置されてきたのですから、威厳をもった聖霊会の維持存続に対する古人の強い想いに驚嘆を禁じ得ません。

（小野 真龍）

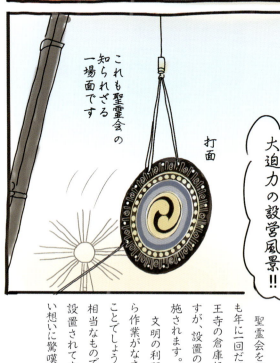

経供養
～もう一つの舞楽四箇法要～10月22日

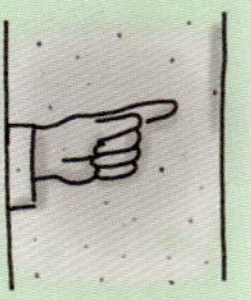
猫の門の石標

四天王寺にはもう一つの舞楽四箇法要があります
10月22日 太子殿前庭
経供養《きょうくよう》
椽《えん》の下の舞
太子殿
経堂
猫の門
「椽《えん》」屋根を支える垂木のこと
※椽の音読みは「てん」ですがここでは「摂津名所図会」の記載を踏襲しています
椽《ゑん》
「摂津名所図会」より
辞書にはない漢字
古来この法要は非公開であったため陰で努力や苦労をする事を指す「椽の下の舞」という大阪言葉の由来となった
※漢字が違います
転じて同じ発音を含む「縁の下の力持ち」となったともいわれる
使用例
ほんま「椽の下の舞」やわあ! 誰も見てへんけどがんばるわ
あの人の「椽の下の舞」のおかげやねえ

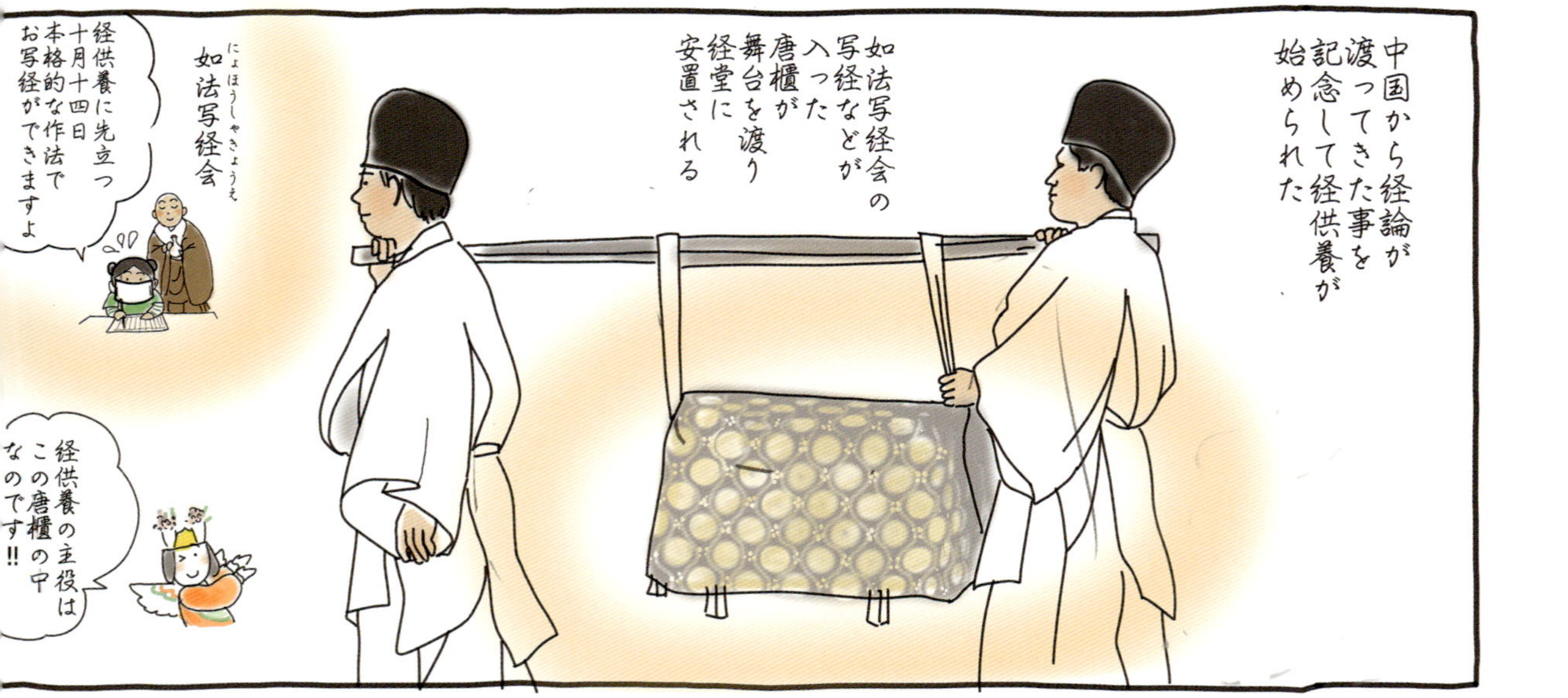

中国から経論が渡ってきた事を記念して経供養が始められた
如法写経会の写経などが入った唐櫃が舞台を渡り経堂に安置される
如法写経会《にょほうしゃきょうえ》
経供養に先立つ十月十四日 本格的な作法でお写経ができますよ
経供養の主役はこの唐櫃の中なのです!!

経供養次第
道行
入道場
伽陀
集会乱声
鳳輦出御
振鉾
両舎利登高座
諷誦文
願文
舞楽(左方舞)
四箇法要
唄匿
散華
大行道
舞楽(右方舞)
讃
梵音
錫杖
両舎利降高座
入調
舞楽(主に走舞)
鳳輦入御
還列
なるほど舞楽四箇法要ミニ聖霊会といわれるのがわかります
衆僧、楽人の出入りは猫の門
小さな門からわらわらと行列が出てくるのを是非ご覧ください
猫の門には猫の彫刻があります
大切なお経をネズミから守るためと言われます(所説あり)
緑の中を本坊へ戻る行列は京都や奈良でもない大阪の奇跡のような美しい光景です
そしてそれに気付く人もまだほとんどいないのです

浄土曼荼羅と石舞台

石舞台はなぜ池の上にあるのでしょうか

この浄土曼荼羅を見ればわかります

それは池の上に舞台が描かれているから
聖霊会の空間は阿弥陀如来の極楽浄土をイメージしている

日本各地の舞台の多くも池や海の上水を表す白洲の上に設置されている

聖霊会ってこの絵にそっくり!!

浄土曼荼羅を聖霊会に当てはめると…

①宝殿→六時堂
②本尊→聖徳太子
③宝樹→曼珠沙華
④蓮池→亀の池
⑤舞台→石舞台
⑥菩薩の舞→舞人
⑦菩薩の演奏→楽人

石舞台の四隅はなぜ曼珠沙華なのでしょうか

曼珠沙華は仏世界の象徴なんだ
私には法華経が説かれた釈迦如来の仏国土も重ね合わされているように感じられます

③宝樹
④蓮池
迦陵頻伽が描かれてる!!
亀の池も昔は蓮池だった

智光曼荼羅

浄土曼荼羅は「当麻曼荼羅」が有名ですがここではシンプルな「智光曼荼羅」（元興寺蔵）を参照しました

お浄土では常に音楽が鳴り響いている
①宝殿
②本尊
幡
⑦菩薩の演奏
⑤池の上の舞台
⑥菩薩の舞

聖霊会《しょうりょうえ》こぼれ話

さて最後はとりとめなく
聖霊会のこぼれ話を
しましょう
雨の聖霊会は
どうなりますか？
雨に濡れた
曼殊沙華が
舞台に散って
いる・・・
・中止ではない
・石舞台は使用しない
・行道がない
・法要、伝供、舞楽などは
六時堂の中のため
かなり見えにくい
やっぱり雨は
残念です

聖霊会前の風情
夜の四天王寺を
通ると聞こえてくる
舞楽の遠音《とおね》
桜咲く頃
蔵の前で
装束の準備をする
楽人さんたちの姿

天王寺
舞楽

やっと見れた場面
鼉太鼓と楽舎に
渡される板橋
楽人が渡ると
外されます

聖霊会を描いた画家
菅楯彦《すがたてひこ》
1878
~1963
大阪を代表する画家
楽人でもあった
天王寺舞楽協会初代会長
楯彦書の大きな歌碑や
筆塚が
境内の隅にあります
降る花のちりりたらりや聖霊会 南水
生田花朝《いくたかちょう》
1889
~1978
生田南水の娘
楯彦の弟子
帝展で活躍

聖霊会と合わせて拝観してみましょう
春日若宮おん祭《まつり》 12月15日～18日
お旅所祭《たびしょさい》 12月17日
お旅所
御仮殿
芝舞台
楽舎
南都楽所《なんとがくそ》がおん祭の舞楽を担ってきました
聖霊会とおん祭は似ているところがたくさんあり聖霊会が実は神事様式も含んでいることが見えて来るでしょう
どちらも本尊や神様にお出まし頂いて食べものや舞をお楽しみ頂きます
法隆寺の聖霊会の舞楽も南都楽所ですね
えっ？法隆寺も聖霊会があるのですね
各地の聖徳太子ゆかりの寺院でも忌日法要の聖霊会やお会式《えしき》があります
法隆寺の聖霊会「大会式」は現在は10年に一度盛大に厳修されます
※「小会式」は毎年3月22日～24日
区別するためにこのマンガのタイトルは『絵で見る四天王寺聖霊会』なのね
作者です 1400年が詰まった聖霊会の1日ですから思いがけず5年に亘る連載になりました
ご清読まことにありがとうございました
天王寺区 伶人町
あ～ ここは四天王寺の西側 旧天王寺楽人が住んでいた名残の町名「れいにんちょう」
話が尽きませんね～
心に残った言葉
聖霊会が存続するには平和な世の中であることはもちろん大事ですが
疫病や戦災があっても聖霊会は残ってきた
困難があるのは世の常何があっても絶やしてはならぬという気概のある楽人がどの時代にもいたということです
小野先生アデュー

さいそうろう

聖霊会の美

安摩《あま》

中田文花作品集

日本画で見る聖霊会

一曲《いっきょく》

マンガ解説はアナログ画で連載が始まりましたが途中からデジタル画を導入しました。日本画、ミニチュア、人形、短歌で聖霊会をモチーフとした作品を数多く制作しています。今回は日本画の短冊作品です。

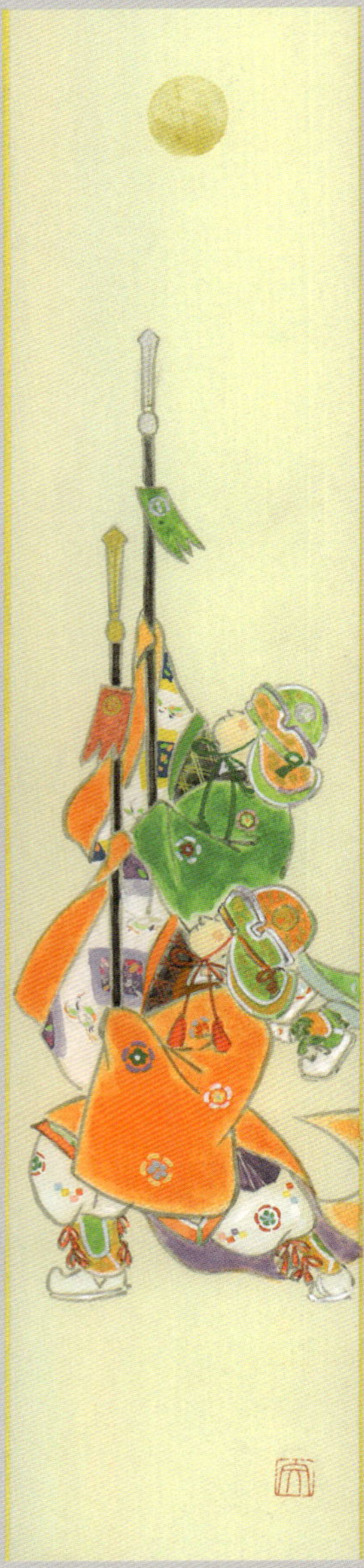

振鉾《えんぶ》

迦陵頻《かりょうびん》(伝供)

胡蝶《こちょう》(伝供)

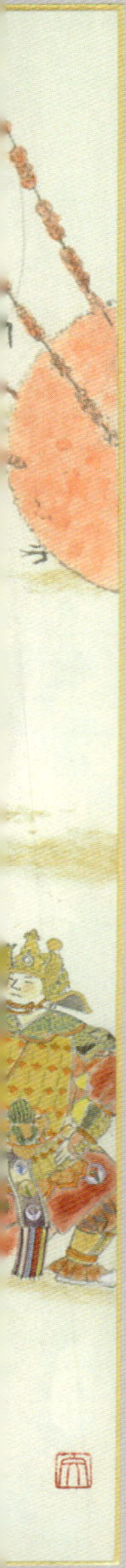

太平楽《たいへいらく》

蘭陵王《らんりょうおう》

右方《うほう》鼉太鼓《だだいこ》

秘曲《ひきょく》 師子《しし》

蘇莫者《そまくしゃ》

ミニチュアで見る聖《しょう》霊《りょう》会《え》

舞楽の舞具や楽器の彩色の美しさに
魅せられてコツコツ作っている
ミニチュア作品です。
使用している日本画の絵の具の彩色技法は
千年以上今も変わっていません。
写真の大きさはほぼ実物大。
指先でつまめる聖霊会アートです。

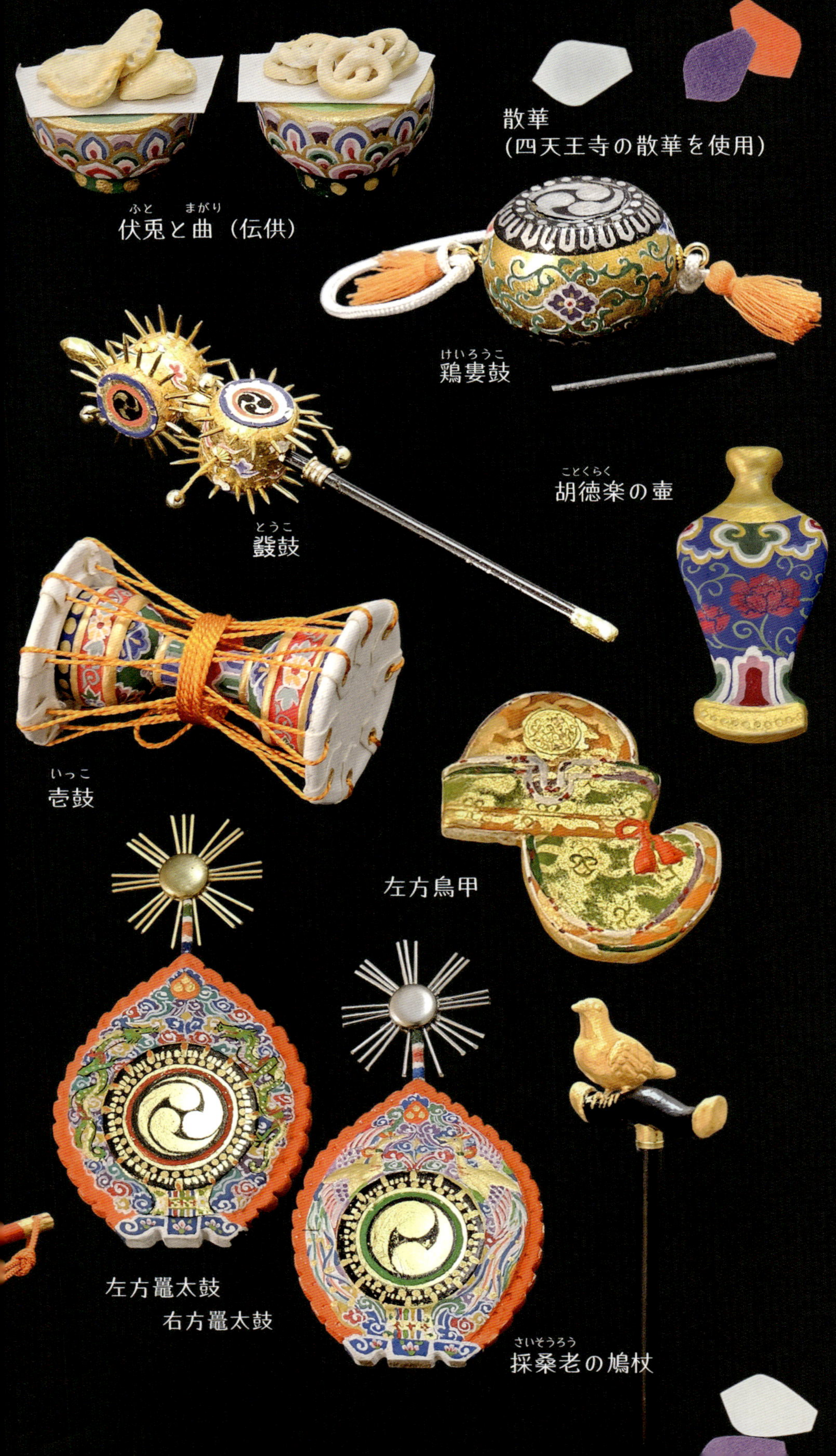

伏兎《ふと》と曲《まがり》（伝供）

散華
(四天王寺の散華を使用)

鶏婁鼓《けいろうこ》

鼗鼓《とうこ》

胡徳楽《ことくらく》の壷

壱鼓《いっこ》

左方鳥甲

左方鼉太鼓

右方鼉太鼓

採桑老《さいそうろう》の鳩杖

狛桙の竿《さお》
龍笛
胡蝶の羽根
右方 襲装束《かさねしょうぞく》の文
地久《ちきゅう》の鳳凰甲《ほうおうかぶと》
迦陵頻の羽根
陪臚《ばいろ》の楯《たて》
太平楽の魚袋《ぎょたい》
曼珠沙華と燕
太平楽の胡籙《やなぐい》
太平楽《たいへいらく》の鉾《ほこ》
蘇利古《そりこ》
還城楽《げんじょうらく》の蛇と桴《ばち》

人形で見る聖《しょう》霊《りょう》会《え》

《彫塑彩色人形《ちょうそさいしきにんぎょう》》

胡蝶《こちょう》 12cm
迦陵頻《かりょうびん》 12cm

曼珠沙華《まんじゅしゃげ》 70cm
燕《つばめ》 3cm

伝供《てんぐ》
お供物を手渡しで聖徳太子にお供えします

※四天王寺の宝物には
こだわらず作った太子像です

聖徳太子七歳像《しょうとくたいしななさいぞう》 9cm

幡《ばん》 65cm

京不見御笛《きょうみずのおふえ》 11cm

楽所幕屏風《がくそまくびょうぶ》 15cm×20cm

短歌で見る聖《しょう》霊《りょう》会《え》

聖霊会や雅楽にまつわる言葉の美しさ。絵では描けない部分は短歌で描こうと短歌誌の「ヤママユ」で拙いながら短歌の発表を続けています。既出の歌も推敲して加えた自選三十一首です。

時移りビル建ち並ぶ街中に飛鳥の面影残す大寺
石舞台で還城楽《げんじょうらく》を舞ひし人とふとすれ違う街に住みたり
聖霊会近づくらしも今宵また舞楽の遠音《とおね》聞こえ来るなり
遥かなる飛鳥の響き伝え来し天王寺舞楽の物語せむ

たまさかにみ寺に来れば石舞台何をするぞと自転車の人
道行の列は整いさみどりの風吹き抜けていざや発楽《はつがく》
華策の音に驚きて甲羅干しの亀一斉に池に落ちたり
行事鉦つばくろ光る曼殊沙華鼉太鼓楽舎石舞台かな
貝寄《かいよせ》の風に吹かれて散華舞ひつばくろ揺れて幡のたなびく
連なりて蓮のうてなを運びける迦陵頻伽の紅き唇
あどけなき子供といへど舞ぶりはまがふことなき天王寺楽人
お茶席の懐紙額に押し当てて「蘇利古」と言ふは楽人の子ら
蝶鳥《ちょうとり》を舞ひし子らは巣立ちてもいつかここへと戻り来るらむ
この舞を太子のみ魂喜びて五色の幕を揺らしたまふや
聖霊会の願いはここに尽きるらむ君がまなじり下げたまふこと

声明を唱ふ僧侶は経本に散華一葉《いちよう》はさみてゐたり
鼉太鼓に渡れば橋は外されぬ月輪《がちりん》仰ぐ楽人ひとり
太平楽の鎧《よろい》着くらむ通りざまに幕の内より聞こゆ鈴の音
赤々し篝火高欄曼殊沙華太平楽の舞の装束
聖霊会の奏楽終へし楽人がそぞろに帰る光まとひて

雨の聖霊会

降る雨に舞ふ人もなき石舞台紅き花びら濡れて散り敷く

聖徳太子千四百年御聖忌

百年《ももとせ》に一度の勝縁我が得たり結縁柱の高く聳ゆる
楽の音に行道梅もほころびぬ千四百年の忌日法要
御聖忌をいよよ迎へし四天王寺の伽藍を包む虹のかかれり
トヲトヲと乱声三度奏さるれば太子の鳳輦出でたまふなり
御幸橋《みゆきばし》謂れは絶へて知らねども太子の鳳輦渡りゆく見る
厩戸皇子《うまやどのみこ》の遺徳は色褪せず伝へ継がれむ次の百年《ももとせ》
本番の舞台にまして尊きは日ごろの稽古と準備なりけれ
菜の花の河の堤を龍笛の唱歌うたひて稽古に来たり
トラロルロと歌へば鳥がチリヤチリ河の流れはトヲトヲタラリ
装束があまた干さるるその奥に蘭陵王の面が鎮まる

あとがき

聖徳太子ゆかりの人々が、今もこの大都会大阪に息づいて聖霊会に関わっておられることを知り、大変衝撃を受けました。大阪も古都なのだと。

学生時代から法要を描くことが好きで、作画の素養として舞楽や龍笛を習い、四天王寺の近くに住む私が、聖霊会と出会うことは必然でした。

さらに雅楽仲間に誘われて、カルチャーセンターの小野真龍先生の雅楽講座で聖霊会の歴史を学ぶこと、気がつけば十数年。地元画家として聖霊会を伝えたいと思うようになりました。絵には伝える力があると信じます。

この本を見ながらどうぞ聖霊会をお楽しみ下さい。作者としてこの上ない喜びです。

出版にあたり、お世話になりました四天王寺の皆様、天王寺楽所雅亮会の皆様、海風社の皆様、何よりご監修とコラムを賜りました小野真龍先生に心より御礼を申し上げます。

令和七年三月

中田文花

※寺誌『四天王寺』令和元年十一月十二月号（七九四号）～六年九月十月号（八二二号）連載作品を加筆修正し、まとめました。

［参考文献］南谷美保『四天王寺聖霊会の舞楽』（東方出版、二〇〇八年）
小野功龍『仏教と雅楽』（法藏館、二〇一三年）
小野真龍『天王寺舞楽』（法藏館、二〇二四年）

中田 文花（なかた もんか）

日本画家、造形作家、華厳宗僧侶、女人舞楽原笙会会員、短歌結社「山繭の会」所属。作品を通して日本の伝統文化を伝える活動をしている。大学では国文学科専攻。日本美術院（院展）の研究会で日本画を学ぶ。仏画を東大寺狹川普文長老に師事した縁で得度。薬師寺、知恩院、四天王寺の寺誌での連載の他、仏教書の挿絵、寺院ポスター、授与品のデザインなど多数。著書に『知恩院祈りの美』創教出版。

絵で見る 四天王寺聖霊会

二〇二五年四月二十二日　初版発行

監修・コラム　小野 真龍
作　・　絵　中田 文花
発　行　者　塚原 昭應
発　行　所　和宗総本山 四天王寺
〒543-0051 大阪市天王寺区四天王寺一―一―一八
T　E　L　〇六―六七七一―〇〇六六（代）
振　　　替　〇〇九一〇―八―一五五八九〇
発　　　売　株式会社 海風社
印刷・製本　大信印刷株式会社

ISBN978-4-87616-073-0 C0015